奈良の
ミュージアム

→ Prologue はじめに

　博物館や美術館は一般的に文化、歴史、芸術的な資産の蒐集、調査、研究を推し進め、その成果である集積した文化財を、陳列、公開、修理、保管するとともに、それによって得られた智を、情報として発信するなどの啓発的な役割も担っている。本書で多く扱っている地域に根差した博物館は、そこで暮らす人々にとっては、自らのアイデンティティーを見つめなおし、地域社会への帰属意識などを確かめる場でもある。地域との繋がりや関係が次第に薄らいでいくように感じる現代だが、こんな時代だからこそ博物館は地域人として自己の存在や、立ち位置をあらためて認識するために欠くことのできない存在であるといえるだろう。これからの時代、奈良だけでなく地域文化の基層を支えるという博物館に課せられた使命は、ますます重要になってくると感じている。

　古より長い歴史を刻んできた奈良県には歴史的な遺産や事跡が多く、また伝統的な地域文化も醸成されてきた。それにも拘らず意外と県内に博物館は多くはない。しかし奈良にはここにしかない、先に触れた地域、蒐集分野、活動や運営などに特色のある、いわばオンリーワンの特徴ある博物館も少なくない。奈良県は近年「記紀万葉」をテーマとした観光戦略を立ち上げ、県を挙げて長期のプロジェクトを組み、観光客誘致に積極的に取り組んでいる。観光の拠点は娯楽や食だけでなく、奈良らしい社寺仏閣をはじめとした名所や景勝地のほか伝統文化などに集中する傾向があるが、動産文化財を展示する博物館にも多くの観光客が訪れていて、海外も含め県外からの関心の高さが窺われる。

　これまで県内の博物館に関する情報については様々な機関によって、いろいろな媒体を利用して紹介されてきた。しかし内容を詳しく記述した総覧的書物や、詳しい解説書は出版されてこなかった。ここへきて奈良への関心が高まり観光客も増加するなか、一歩踏み込んだ博物館の確かな情報を得たいという要望も聞かれる。

　本書では博物館・美術館以外に奈良の特色でもある歴史的文化財を展示公開する施設をいくつも取り上げた。一方で博物館という名称であっても紙数の都合から、展示内容などを鑑み省かせていただいた施設もありご容赦いただきたい。記述内容は奈良を訪れる観光客の利便を図る点に充分配慮したものとすることはもとより、単なるガイドブック的な博物館紹介に終わらず、各館の特徴や見どころなどを充分書き込むこととした。加えて周辺の観光地や文化遺産と博物館を結びつけた視点も重視して組み込んだ。

　本書を活用して奈良の博物館めぐりを楽しんでもらえることを願うとともに、地域文化の認識と涵養のため、他府県においても地域のミュージアムを紹介する書籍が出版されることを期待したい。

2019 年 1 月　　松田　真一

Guide 本書のご案内

1. 全53館の奈良県のミュージアム：北和（27館）・中和（20館）・南和（6館）を掲載。
2. 各地域の冒頭に、地域の特徴・観光ルート例・地図を記す。
3. 各館については、◉Summary 概要・◤Deep 詳しい解説・◯Information 基本情報として、それぞれの館の特徴や展示内容の詳細、名称・開館年・住所・電話・ＨＰアドレス・休館日・開館時間・入館料・アクセスなどの基本情報を掲載。
4. さらに ✚Academic 学術・☆Memo メモとして、最新の研究動向や周囲の遺跡などの情報、また、特別展やイベント、施設情報などを適宜記す。
5. 巻末には、各館の特徴や入館料（大人）が一望できる掲載館一覧を掲載。

Contents 目次

北和

特徴 ………… 1
観光ルート例 … 1
地図 ………… 2

1. 東大寺ミュージアム ………… 4
2. 春日大社国宝殿 ………… 8
3. 奈良国立博物館 ………… 12
4. 寧楽美術館 ………… 19
5. 興福寺国宝館 ………… 23
6. 奈良県立美術館 ………… 28
7. 入江泰吉記念奈良市写真美術館 … 32
8. 奈良市史料保存館 ………… 34
9. 奈良市杉岡華邨書道美術館 … 38
10. 元興寺法輪館 ………… 41
11. 奈良市埋蔵文化財調査センター … 45
12. 平城宮跡資料館 ………… 48
13. 奈良大学博物館 ………… 53
14. 松伯美術館 ………… 56
15. 大和文華館 ………… 59
16. 中野美術館 ………… 63
17. 帝塚山大学附属博物館 ………… 66
18. 生駒ふるさとミュージアム … 69
19. 柳沢文庫 ………… 72
20. 奈良県立民俗博物館 ………… 76
21. シャープミュージアム ………… 80
22. 天理参考館 ………… 83
23. 天理市立黒塚古墳展示館 … 91
24. 法隆寺大宝蔵院 ………… 95
25. 斑鳩文化財センター ………… 100
26. 安堵町歴史民俗資料館 ………… 102
27. 山添村歴史民俗資料館 ………… 105

本書掲載の情報は2019年1月現在のものです。各館の開館時間、休館日、入場料等は変更される場合がございます。お出かけの際は、交通機関・道路情報なども含め、ホームページなどで最新の状況をご確認のうえご利用ください。

＊人名等については、煩雑さを避け敬称を省きました。
＊内容については、各館より助言やご意見、写真のご提供を賜りました。感謝申し上げます。

Contents 目次

中和

特徴 ……… 109
観光ルート例 … 109
地図 ……… 110

28 唐古・鍵考古学ミュージアム ……… 112
29 華 甍 ……… 117
30 橿原市立こども科学館 ……… 121
31 奈良県立橿原考古学研究所附属博物館 … 124
　＊2019年1月現在、施設改修のため休館中
32 歴史に憩う橿原市博物館 ……… 132
33 奈良文化財研究所 藤原宮跡資料室 …… 136
34 橿原市昆虫館 ……… 141
35 桜井市立埋蔵文化財センター ……… 144
36 喜多美術館 ……… 149
37 奈良県立万葉文化館 ……… 152
38 飛鳥資料館 ……… 156
39 明日香村埋蔵文化財展示室 ……… 161
40 高松塚壁画館 ……… 164
41 キトラ古墳壁画体験館 四神の館 …… 167
42 二上山博物館 ……… 170
43 葛城市歴史博物館 ……… 175
44 水平社博物館 ……… 180
45 三光丸クスリ資料館 ……… 184
46 宇陀市歴史文化館「薬の館」 ……… 187
47 大亀和尚民芸館 ……… 190

南和

特徴 ……… 193
観光ルート例 … 193
地図 ……… 194

48 市立五條文化博物館 ごじょうばうむ … 196
49 賀名生の里 歴史民俗資料館 ……… 201
50 吉野歴史資料館 ……… 204
51 森と水の源流館 ……… 209
52 天川村立資料館 ……… 212
53 十津川村歴史民俗資料館 ……… 215

掲載ミュージアム一覧 ……… 巻末

北和 ほくわ

☑ Characteristic 特徴

奈良県北部（令制大和国北部）。奈良市を中心に、生駒市、大和郡山市、天理市、斑鳩町、安堵町、山添村などを含む地域。奈良県の中心地として、総合的な博物館が立地。また、世界遺産「法隆寺地域の仏教建造物」・「古都奈良の文化財」に登録されている神社仏閣や、平城宮跡などの重要な遺跡も。

🗺 Model 観光ルート例

定番！ 奈良の世界遺産と博物館

＊じっくり派は、②〜④を1日目、⑤〜⑨を2日目に。

① 近鉄奈良駅 →（バス5分または徒歩20分）→ ② 東大寺ミュージアム **1** →（徒歩15分）→ ③ 奈良国立博物館 →（徒歩20分）→ ④ 春日大社国宝殿 **2** →（徒歩20分）→ ⑤ 興福寺国宝館 **5** ┄（徒歩10分）┄ ⑥ ならまち散策 ┄ ⑦ 奈良市杉岡華邨書道美術館 **9** →（隣接）→ ⑧ 奈良市史料保存館 **8** →（徒歩5分）→ ⑨ 元興寺法輪館 **10** →（徒歩15分）→ ⑩ 近鉄奈良駅

遺跡めぐり！ 山之辺の道を歩く

＊さらにJR柳本駅から桜井駅まで歩く後半のコースは109頁。

① JR・近鉄天理駅 →（バス8分または徒歩20分）→ ② 天理参考館 **22** ┄（徒歩15分）┄ ③ 石上神宮 ┄（徒歩15分）┄ ④ 内山永久寺跡 ┄（徒歩65分）┄ ⑤ 袰田陵 ┄（徒歩20分）┄ ⑥ 長岳寺 ┄（徒歩15分）┄ ⑦ 黒塚古墳展示館 **23** →（徒歩5分）→ ⑧ JR柳本駅

芸術探訪！ 美術館3館を堪能

① 近鉄学園前駅 ┄（バス5分）→ ② 松伯美術館 **14** ┄（バス5分）→ ③ 近鉄学園前駅 →（徒歩8分）→ ④ 中野美術館 **16** →（徒歩5分）→ ⑤ 大和文華館 **15** ┄（徒歩7分）→ ⑥ 近鉄学園前駅

＊所要時間は目安です。当日の交通状況・混雑等ご確認のうえ、余裕をもってお出かけください。

Map 地図

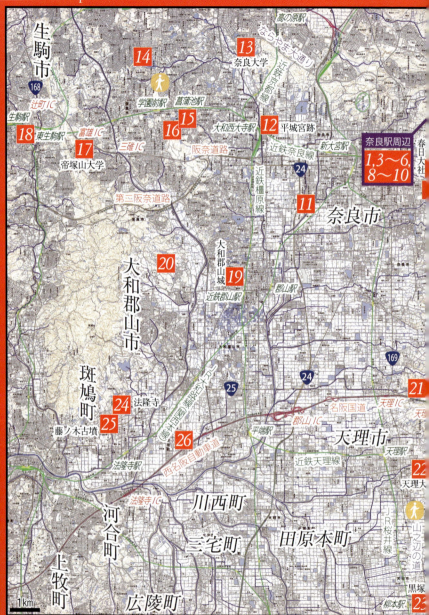

奈良駅周辺

1　東大寺ミュージアム ……… 4
2　春日大社国宝殿 …………… 8
3　奈良国立博物館 …………… 12
4　寧楽美術館 ………………… 19
5　興福寺国宝館 ……………… 23
6　奈良県立美術館 …………… 28
7　入江泰吉記念奈良市写真美術館 … 32
8　奈良市史料保存館 ………… 34
9　奈良市杉岡華邨書道美術館 … 38
10　元興寺法輪館 ……………… 41
11　奈良市埋蔵文化財調査センター … 45
12　平城宮跡資料館 …………… 48
13　奈良大学博物館 …………… 53
14　松伯美術館 ………………… 56

15　大和文華館 ………………… 59
16　中野美術館 ………………… 63
17　帝塚山大学附属博物館 …… 66
18　生駒ふるさとミュージアム … 69
19　柳沢文庫 …………………… 72
20　奈良県立民俗博物館 ……… 76
21　シャープミュージアム …… 80
22　天理参考館 ………………… 83
23　天理市立黒塚古墳展示館 … 91
24　法隆寺大宝蔵院 …………… 95
25　斑鳩文化財センター ……… 100
26　安堵町歴史民俗資料館 …… 102
27　山添村歴史民俗資料館 …… 105

1 東大寺ミュージアム

⊙Summary 概要

　本ミュージアムは東大寺図書館、東大寺史研究所、華厳学研究所とともに、創建以来の東大寺の歴史・文化と華厳思想を中心とした仏教の研究やその公開・発信などを目的とした、東大寺総合文化センターの一翼を担う施設である。ミュージアムでは今日まで伝えられた寺宝を通して、これまで東大寺が歩んできた歴史を紹介する。

　ミュージアムの展示は、常設展と特別展を分けて展示するのではなく、常設展示の一部を一定の期間だけ、テーマに沿って展示替えを行うかたちをとっている。特別展は2011年の開館を記念した『奈良時代の東大寺』に始まる。この展覧会では誕生釈迦仏立像及び灌仏盤（かんぶつぼん）（国宝）、菩薩半跏像（重要文化財）などのほか、奈良時代の

▷国宝・東大寺金堂の鎮壇具
（写真○東大寺所蔵・奈良国立博物館画像提供（撮影：佐々木香輔））

品ほか工芸品を揃え、加えて華厳五十五所絵巻（国宝）や東大寺文書（国宝）など、東大寺創建期の作品を中心に展示が企画された。特に仏像については、2011〜2013年当時法華堂須弥壇の解体修理が行われていたこともあり、本尊の不空羂索観音立像（国宝）および、日光菩薩・月光菩薩立像（国宝）が並べられたほか、二月堂の秘仏である本尊十一面観音の光背（重要文化財）も展示された。

✦ Academic 学術

豪華な金堂鎮壇具の全容　2013年『国宝東大寺金堂鎮壇具のすべて』とした展覧会が催され、創建期の東大寺に焦点をあて、1907・1908年に東大寺金堂（大仏殿）須弥壇から発見され、国宝に指定されている貴重な鎮壇具の全容が披露された。その中には「陽剣」と「陰剣」の象嵌銘が見つかったことで話題となった金銀荘大刀（2口）、鞘全体を金平脱による唐草文で加飾した金鈿荘大刀（2口）、同じく鞘に金平脱で葡萄唐草文と咋鳥文を表した金鈿荘大刀や、北斗七星の象嵌がある銀荘大刀のほか、騎馬人物文を刻んだ銀製鍍金狩猟文小壺、宝相華文の座金を備えた銀製蟬形鑷子、琥珀玉、ガラス玉、水晶など豪華な品々であって、光明皇后が自ら携わったとされる埋納品が揃えられた。

↘ Deep 詳しい解説

圧倒される仏像彫刻の世界　常設展示は『東大寺の歴史と美術』として5つの展示室で構成されている。第1室では創建期の東大寺として、先の金堂須弥壇から出土した各種の鎮壇具を中心に展示する。入口すぐ左側には大仏殿の正面に置かれた金銅八角燈籠（国宝）の火袋羽目板の一面が展示され、量感豊かに表された音声菩薩のレリーフを間近に見ることができる。奥には、かつて内裏から東大寺へと続く二条大路に面した西大門に掲げられていた聖武天皇宸筆といわれる額字「金光明四天王護国之寺」を刻んだ西大門勅額（重要文化財）があり、その手前には飛鳥時代に百済人によって伝えられ、

北和

1　東大寺ミュージアム　主な展示　→　歴史（奈良）・美術（仏教）

大仏開眼会などで上演された伎楽に使用した仮面(伎楽面・重要文化財)が並ぶ。

　第2室と第3室では奈良時代から鎌倉時代にかけての、東大寺に伝わる仏像彫刻を中心に展示され、荘厳な礼拝の空間がつくりだされている。特に第2室は高い天井や格子戸で間仕切りした壁面など法華堂内をイメージした雰囲気のなか、かつて法華堂に安置されていた日光菩薩・月光菩薩立像(国宝)をはじめ、三昧堂旧在の千手観音菩薩立像(重要文化財)、仏生会の本尊として奈良時代に造像された誕生釈迦仏立像及び灌仏盤(国宝)、戒壇院伝来の釈迦如来、多宝如来坐像(重要文化財)のほか、内山永久寺伝来の持国天立像と多聞天立像など、仏教彫刻の粋が集結する充実した内容を誇っている。

東大寺の法会と修学を支えた聖教　第4室は東大寺の古文書・聖教・記録・絵画などを展示する。東大寺文書(国宝)、東大寺聖教(重要文化財)、二月堂修二会記録文書(重要文化財)をはじめとする文書・聖教・記録類は、数度の戦火を含む火災による焼失を免れて伝わったもので、東大寺の歴史や寺領庄園、教学、法会などの原拠となる重要な資料である。絵画は法会で用いられた尊像をはじめ、仏像の造立や霊験、法会の由来などを説いた縁起絵巻なども伝わっている。東大寺の歴史や教学・法会などをテーマとする特集展示のかたちをとりながら、定期的に展示替えをしている。

　第5室は地下から発掘された東大寺の考古資料を展示する。過去の境内の発掘調査では、寺地造成以来の主要伽藍をはじめとした寺院の整備や盛衰の変遷が明らかにされてきた。主要伽藍の創建時の遺構をはじめ、盧舎那仏(大仏)造立や戒壇院周辺の鋳造遺構に関する資料、東西塔の遺構など多くの成果があり、それらの遺構から出土した供養具として使われた土器や瓦を中心とした建築部材など、東大寺の変遷が窺える境内の出土品が並ぶ。

(写真○東大寺所蔵)

北和　1　東大寺ミュージアム

☆Memo メモ

　東大寺をより知ってもらうために、総合文化センター入口からミュージアム展示室へと続くエントランスでは、盧舎那仏の造立からこれまでの歴史を東大寺大仏縁起絵巻（重要文化財）などの寺宝を用いて制作した映像〈東大寺の歴史〉を上映している。

　ミュージアムのある東大寺総合文化センターには、金鐘ホール・カフェ・ショップなどが併設されていて、来館者の便宜を図っている。また金鐘ホールでは東大寺が主催する講演会も随時開催している。

○Information 基本情報

名　　称	東大寺総合文化センター　東大寺ミュージアム
開 館 年	2011 年
住　　所	〒630-8208 奈良市水門町 100 番地
電　　話	0742-20-5511
Ｈ　　Ｐ	http://culturecenter.todaiji.or.jp/museum/
休 館 日	なし（臨時休館日あり）
開館時間	9 時 30 分から大仏殿閉門時間（11 月～3 月 17 時、4 月～10 月 17 時 30 分）。 ＊入館は閉館時間の 30 分前まで。
入 館 料	大人（大学生以上）600 円（550 円）、高校生 600 円（500 円）、中学生 600 円（400 円）、小学生 300 円（200 円）。 ＊（ ）は 30 名以上の団体料金。小・中・高校生の団体に限り学校行事として引率入館される教職員は無料。 ＊心身障害者施設・養護学校・障害者手帳・奈良市の老春手帳・奈良市ななまるカードなど提示の場合の入館料はＨＰなどで要確認。 ＊大仏殿とのセット券大人（中学生以上）1000 円、小学生 400 円（個人のみの設定）。
アクセス	鉄道利用：JR 関西本線（大和路線）奈良駅・近鉄奈良線近鉄奈良駅から市内循環バス「大仏殿春日大社前」下車徒歩 5 分。車利用：施設駐車場無（周辺の GS パーク東大寺西大門駐車場等の有料駐車場をご利用ください。）

◁ 東大寺ミュージアム

当ミュージアムの展示空間は、寺内の仏堂の構造や意匠を参考に設計しています。また照明も灯明の光に近い色を採用して、空間全体が仏堂を思わせる展示を行っています。

Message メッセージ

2 春日大社国宝殿

⦿Summary 概要

　春日大社は神護景雲2年(768)、藤原氏の氏神として創建され、武甕槌命（たけみかづち）、経津主命（ふつぬし）、天児屋根命（あめのこやね）、比売神（ひめ）の4柱を祭神として祀り、平城京の守護神とも伝えられる。春日大社国宝殿には同社に伝えられる神宝や神事祭礼に関する道具類、および古文書などを加えた信仰遺品、国宝・重要文化財1,323点を含む約3,000点が収蔵・管理され、これらを展示公開するとともに、春日大社の歴史を紹介する博物館施設である。

　1階は、春日の神垣の杜を光と水で表現した印象深い空間をつくりあげて来館者を迎える。神奈備の聖地を水盤に落ちる水滴がつくる波紋としてイメージし、深遠な神の世界が体感できる導入部としている。同じ1階の鼉太鼓（だだいこ）ホールでは、現在も春日若宮おん祭をはじめ舞楽に用いられている、6.5mの高さを誇る日本最大の迫力ある鼉太鼓1対が展示されている。

↘Deep 詳しい解説

刀剣など類を見ない平安の工芸　収蔵品には平安時代以来、朝廷の

▷鼉太鼓ホール

春日行幸啓や藤原氏の春日参詣に際して奉納された神宝が核になって優れたものがある。これは皇室や貴族との深い結びつきをもつ本社ならではのもので、特に祭神に奉納された重要な神宝類が、纏まって伝えられている貴重な例である。大展示室と小展示室に分かれた国宝殿の2階には選りすぐられた神宝の数々が並び見応えがある。

春日大社に伝えられる神宝は、本宮御料古神宝と若宮御料古神宝に分けられ、ともに国宝に指定される。本宮御料古神宝には紫檀地螺鈿飾剣、白鮫柄を備え水晶を装具に嵌込んだ豪華な黒漆平文飾剣、鮫皮に替わる銀打鮫の柄に麒麟のデザインをもつ黒漆平文飾剣などいずれも保存状態が良く、平安期の飾剣の優品の一群としてほかに類をみない。このほかにも山岳と蝶鳥を金銀と銅粉による蒔絵で装飾した蒔絵箏、唐櫛笥や鏡台などもあって、武器、楽器、調度品のいずれにも優れた高い製作技術が発揮されている。

若宮御料古神宝にも秀逸な武器や武具が揃う。磯千鳥文と宝相華文をあしらった鍍金金具を嵌め、中央に磯千鳥文を黒漆で象嵌した銀板を貼り外側を紫檀地螺鈿で飾った毛抜形太刀や、黒漆塗平文平身鉄鉾は平安期の完存品でとりわけ注目される。ほかにも牡丹蒔絵や松喰鶴千鳥蒔絵で装飾した弓や、毛抜形太刀と同装飾の平胡籙などの武具があり、特に背板部分の装飾が豪華である。いずれも装飾性が優れた儀仗用とみられる。なお先の本宮御料古神宝には赤漆葛胡籙も遺されていて、当時の矢盛具の構造がよくわかる。そのほか重要文化財の古神宝銅鏡には、牡丹唐草尾長鳥八稜鏡や和鏡の素文鏡など精良な16面がある。また、わが国で正倉院宝物などの数例に限られる唐代の大振りで厚手の禽獣葡萄鏡も重要文化財である。祝宴の場で用いられた装飾品とされる造物として、銀鶴及磯形や金鶴及銀樹枝があるが、どれも素材の金板や銀板を加工・細工して、鶴の動きの瞬間を巧みに表現した優れた品といえる。

▽国宝・金地螺鈿毛抜形太刀

豪壮な鎌倉時代の大鎧 神宝以外にも武器武具類の収蔵品は数多く、柄を刀身と一体でつくり鞘には竹林で雀を追う猫という珍しい題材を精細な螺鈿で表現した平安期の金地螺鈿毛抜形太刀をはじめ、鞘に唐風獅子を描割蒔絵で巧みに表現した沃懸地獅子文毛抜形太刀や酢漿平文兵庫鎖太刀など鎌倉期の太刀も存在し、国宝6点、重要文化財8点を数える。甲冑には鎌倉期の竹虎雀飾赤糸威と、梅鶯飾赤糸威の2具の大鎧がある。前者は金銅製大鍬形と両袖の竹と虎をデザインした大金物がこの大鎧の豪壮さを際立たせている。甲の黒漆塗札は茜で染めた鮮やかな赤糸で威し、冑は大鍬形とともに銀の地板を用いた六方白の鉢部が特徴である。黒韋威矢筈札胴丸や菊水蝶文飾籠手など5件が国宝に、3件が重要文化財に指定され、甲冑類も充実している。

（写真4点○春日大社所蔵）

その他の文化財 亀甲蒔絵手箱や秋草蒔絵手箱などの化粧具や、先にも触れた平安文化を伝える芸能舞楽で使用する鎌倉時代の巨大な鼉太鼓一対が見事であり、新鳥蘇、崑崙八仙、皇仁庭、貴徳鯉口、陵王、散手などの十二面の舞楽面とともに重要文化財に指定される。絵画には春日権現験記の春日本、永徳3年（1383）の墨書がある鹿島立神影図、競馬図屏風など、南都絵所の絵師の手になるものが多くを占める。

大社の歴史を語る文書類 古文書は春日

◁ 国宝・赤糸威大鎧（竹虎雀飾）

大社の様々な記録類が多くを占める。興福寺において成巻されたと伝わる、平安から江戸時代にかけての春日大社成巻文書や神官の家に伝わった大東家文書の一群、楽人の管理の記録である「楽所補任」や舞楽関係書「楽書」が重要文化財に指定される。ほかに鎌倉期の縁起や造替勢(ぞうたい)の記録も多く、貴重な文書が多く所蔵されている。

✦ Academic 学術

春日大社本殿および回廊周辺のほか、奈良時代築地塀、飛火野など境内および周辺から、これまでに古代に遡る遺物が少なからず出土している。偶然の機会に境内から発見された資料以外に、発掘調査によって出土したものには奈良時代以降の瓦、須恵器、土師器、土馬などがある。また御蓋山経塚で出土した瓦製経筒、銅製経筒、瓦製経筒外容器、菊花双雀文鏡、亀甲文鏡などがあって考古資料も充実している。

⊃ Information 基本情報

- **名　　　称**：春日大社国宝殿
- **開　館　年**：1973年宝物殿開館、2016年増改築・改称されて開館
- **住　　　所**：〒630-8212 奈良市春日野町160
- **電　　　話**：0742-22-7788
- **Ｈ　　　Ｐ**：http://www.kasugataisha.or.jp/h_s_tearoom/museum/index.html
- **休　館　日**：年3回の展示替え毎に5〜7日休館、そのほかに臨時休館日がある
- **開館時間**：10時から17時(入館は16時30分まで)
- **入　館　料**：一般500円、大学生・高校生300円、中学生・小学生200円、団体一般400円
- **アクセス**：鉄道バス利用：近鉄奈良線奈良駅から約25分。JR関西本線奈良駅・近鉄奈良線奈良駅から奈良交通バス春日大社本殿行で春日大社本殿下車すぐ、または奈良交通バス市内循環外回りで春日大社表参道下車徒歩約10分。車利用：国道369号奈良市登大路町県庁東交差点を東へ約1km。春日大社駐車場有(有料)。

◁ 春日大社国宝殿

> 平安時代の最高級の神宝が伝わるのが春日大社。刀剣や甲冑にも王朝の美が香ります。王朝文化は、その後の日本文化の基準となりました。日本の美の原点を探しにきてください。

Message メッセージ

北和　2　春日大社国宝殿

3 奈良国立博物館

◉Summary 概要

　明治8年（1875）から15年間にわたって東大寺などで開催された奈良博覧会が、人気をはくしたことなどが契機となって博物館建設の機運が盛り上がり、1895年奈良の地に帝国奈良博物館として開館した。以来、奈良という歴史文化的環境に立地する博物館として、仏教美術を中心とした調査研究、蒐集、展示、保存管理などに特徴を発揮した運営がされている。

▶Deep 詳しい解説

仏教美術の粋を堪能　本館は片山東熊の設計による明治中期のフレンチ型ルネサンス様式を基調とした洋風建築で、1894年に完成し、現在国の重要文化財に指定されている。本館は、「なら仏像館」として利用され、主に飛鳥から鎌倉時代にいたる仏像を中心に、中国と朝鮮半島も加えた豊富な資料をもって、仏像彫刻の流れやそれぞれの特徴が把握できる展示で構成されている。代表的な館蔵品の仏像としては、京都東山の若王子社に安置されていた国宝薬師如来坐像、新薬師寺に伝来した重要文化財十一面観音立像、香川県三豊伊舎那院伝来とされる観音菩薩立像、京都回向院伝来の重要文化財

▷重要文化財・本館「なら仏像館」

北和

3 奈良国立博物館　主な展示 ↓ 美術（仏教）・歴史・考古（奈良）

◁「なら仏像館」内の仏教彫刻展示室（上）
仏像の見方や鑑賞のための解説的展示（下）

如意輪観音坐像、興福寺に伝来した重要文化財多聞天立像、奈良時代ないし唐代とされる重要文化財力士形立像などの指定品がある。

本館と西新館とを結ぶ地下連絡通路の一部には、仏像模型や写真・パネルを掲げて、仏像の見方や鑑賞のためのわかりやすい解説的展示が用意されている。

　絵画では奈良法起寺伝来の国宝絹本著色十一面観音像、同じく国宝紙本著色辟邪絵、国宝紙本著色地獄草紙などのほか、いずれも重要文化財の絹本著色千手観音像、絹本著色大仏頂曼荼羅、絹本著色普賢菩薩像がある。工芸品には京都観修寺伝来の国宝絹製刺繍釈迦如来説法図、福井神宮寺伝来の国宝漆皮製蓮唐草蒔絵経箱、金銅山王十社御正体の重要文化財山王十社本地懸仏、奈良額安寺伝来の重要文化財木製黒漆塗首懸駄都種子曼荼羅厨子、重要文化財五鈷四大明王鈴、中国六朝時代とされる重要文化財梵鐘など種類も多岐にわたる優品を収蔵している。これらは数年に１度のペースで公開される。

天平の香り漂う正倉院展　東西の新館では正倉院展に代表される特別展や特別陳列が随時開催されている。「正倉院展」は毎年10月末から11月初旬に開催され、正倉院に保管される宝物の中から聖武天皇の御遺愛品や、東大寺所縁の品々などが東西の新館展示室に出陳される。同展では今日まで伝世された奈良時代の息吹を感じさせる宝物類を、間近に鑑賞できる貴重な機会といえる。同時に宝物の調査研究や保存整理の成果が披露されるため、正倉院宝物の来歴と概要も知ることができる。出陳される宝物は最短でも10年の間を置くことを原則としていることから毎年異なるため、ここで個々の宝物は紹介しないが、毎年宮内庁正倉院事務所によって公開頻度および宝物の保存状態などが勘案されたうえで、初出陳の宝物を含む楽器・調度・薬物・武器・書蹟・地図・文房具・遊戯具・仏具などの各分野から70点余りが出品されている。

◁ 国宝・絹製刺繍釈迦如来説法図

国宝・漆皮製蓮唐草蒔絵経箱▷

3 奈良国立博物館

伝え継がれた奈良の行事　正倉院展以外に西新館を中心に毎年開催される恒例の特別陳列として、12月から1月にかけて「おん祭と春日信仰の美術」展が、また2月から3月には「お水取り」展がある。前者は平安時代から維持されてきた春日若宮の祭礼である「おん祭」に関係する絵画・文書・工芸などの品々を展示し、祭礼や奉納される芸能などのほか、多様な信仰形態をもつ春日信仰についても紹介する。また大和路に春を告げる通称お水取り（東大寺十一面悔過(けか)）は、華厳教学の充実に尽力したことで知られる実忠(じっちゅう)によって、天平勝宝4年(754)に始められて以来今日まで引き継がれている東大寺二月堂の伝統行事で、特別陳列では、行事に関連する資料や法会で用いられる法具・道具類を展示する。

特別展として近年開催された展覧会には「糸のみほとけ―国宝綴織當麻曼荼羅と繡仏―」、「快慶―日本人を魅了した仏のかたち―」「白鳳―花ひらく仏教美術―」、「国宝醍醐寺のすべて―密教のほとけと聖教―」、「當麻寺―極楽浄土へのあこがれ―」、「頼朝と重源―東大寺再興を支えた鎌倉と奈良の絆―」などがあり、多くが仏教美術に重きを置いたテーマで開催されている。

なお、西新館では年内に数ヶ月、常設展として所蔵品や寄託品の絵画・書跡・工芸品・考古資料を名品展「珠玉の仏教美術」として開催している（1ヶ月を目安に展示品替えあり）。

青銅器の一大コレクション　本館の南に接して建つ青銅器館は、

◁ 青銅器館の大型鼎

古美術の蒐集家坂本五郎より寄贈された、中国古代の青銅器380余点のうち主たる蔵品を2002年から常設展示している。中国の青銅器は商代から秦・漢代にいたるまで、社会秩序や規範としての礼楽の考えに基づき、祖神を祭る場や墓葬に際して主要な役割を果たした。展示品を見ると商代には特に彝器（祭祀用の青銅器である鐘や鼎など）が多くを占め、重視されたことを示している一方、周代には祭祀が変容し青銅器の内容や数量などにも厳格な身分秩序が反映し、儀式のなかでも音楽の意義が高まり、荘厳に整えられた楽器が発達する。

展示されている代表的な青銅器を見ると、二里崗文化期の商代前期の爵は、平底で扁平な身部が特徴の最も古い型式を備えている。商末周初期の作品とされる大型鼎は、身部上半に饕餮文を表した高さ81cm、重さ63kgの堂々とした存在感があって、彝器のなかでもとりわけ重要であったのだろう。春秋後期の例として貴重な豆（脚付の皿、鉢）は、精緻な蟠螭文を配した重量感のある身部と蓋部を細い脚部によって支え、身部につけられた円環との巧みな造形のバランスが目を惹く。扁壺は北方遊牧民の革水筒がモデルとなったとされ、器全面に文様を配し、身部には刻画山獣文を隙間なく表した戦国ないし前漢の貴重な作品。提梁をもつ卣は商代から西周に酒器として好まれ発達した。器面を鳳凰文や直条文で埋め尽くした西周初期の卣は、身部横断が楕円形を呈し、鰭飾りや複雑に突出した装飾が立体感を高めている。蓋裏と身部底に「婦□作文□日癸□彝析子孫」の銘がある。もう1点の同じ西周初期の卣は、突出装飾はなく蓋部、身部、高台上部に夔龍文を配した帯状の文様帯を巡らす、丸みを帯び均整のとれた作品である。これらを含め青銅器には爵、

◁ 仏教美術資料研究センター

瓿、瓦頭尊、瓠形壺、方彝、罍、鼎、鬲、豆、盤、壺、鐘、扁壺、蒜頭壺（さんとうこ）、甑（そう）、博山炉、鎮子（ちんす）、鐃（にょう）、錞于（じゅんう）など、当時の大部分の器種が揃う。ほかに楽器、武器、車馬具、農工具、文具類など多彩な展示品を誇り、見ごたえのある中国青銅器文化のコレクションといえる。

✦Academic 学術

文化財の保存と継承　東新館の南側に仏教美術資料研究センターがある。ここでは博物館館蔵品を対象とするだけでなく、仏教美術の調査・研究と、関連する資料の作成、蒐集、整理、保管などの業務を行う。また仏教美術に関する図書、雑誌、紀要、報告書、展覧会カタログ、写真などを整理し、これらのデータベースを公開して利用に供している。本センターは明治 35 年（1902）に奈良県物産陳列所として開館した建物を利用したもので、設計は建築史学者関野貞による西洋建築の技術を取り入れ外観を和風とした近代建築である。正面に唐破風造の車寄を設けた木造桟瓦葺入母屋造で、中央棟の東西に翼棟を繋げて左右シンメトリーな配置構造をもち、蟇股（かえるまた）、虹梁（こうりょう）、舟肘木（ふなひじき）など古建築の伝統建築様式を用いつつ、イスラム風の意匠窓を設けるなど、東西の建築要素を組み込んだ優れた建築として重要文化財に指定されている。

　このほか国宝や重要文化財などの保存修理や調査研究を行う文化財保存修理所が設置されており、ここでは彫刻・絵画・書跡、漆工など伝統的技術を有し修理・保存に携わる技術者が、実際に修理を行い、専門的な調査研究も併せて実施している。また文化財保存の啓発を促すため、文化財の管理者や所有者へ、保存修理の情報提供や技術的な助言も行っている（通常非公開）。

☆Memo メモ

博物館の中庭には、かつて大和の三茶室と称されたうちのひとつ八窓庵がある。江戸時代中期に興福寺大乗院につくられた多窓式茶室であったが、明治中頃に存続の危機に見舞われたことから、保存の要望を受けて当地に移転された。茶室は入母屋造茅葺で、四畳台目下座床、床前から点前座が蒲天井で、そのほかは化粧屋根裏としている。

博物館では特別展や特別陳列の開催時に、展覧会テーマに関する公開講座を開講しているほか、研究員が取り組んでいる個別研究や、各専門分野のとっておきの話などを、一般の方に語るサンデー・トークを毎月開催している。

(写真7点○奈良国立博物館所蔵)

⊃Information 基本情報

名　　　称：独立行政法人国立文化財機構　奈良国立博物館
開　館　年：1895年
住　　　所：〒630-8213 奈良市登大路町50番地
電　　　話：050-5542-8600
Ｈ　　　Ｐ：https://www.narahaku.go.jp/museum.html
休　館　日：毎週月曜日(休日の場合はその翌日、連休の場合は終了後の翌日)、1月1日
開館時間：9時30分から17時(ただし下記の日は延長。入館は閉館30分前まで)
　・名品展・特別陳列・特集展示は毎週金・土曜日は20時まで
　・東大寺二月堂修二会(お水取り)期間中、金・土曜日は20時まで、3月12日は19時まで、その他の日は18時まで
　・なら燈花会(8月5日〜14日[金・土曜日は21時まで])、万灯供養(8月15日)、おん祭お渡り式の日(12月17日)は19時まで
　・なら瑠璃絵期間(2月8日〜14日)は20時30分まで(金・土曜日は21時まで)。
　・特別展の開館時間は別途HPに掲載。
入　館　料：大人520円(410円)、大学生260円(210円)。＊(　)は20名以上の団体料金。特別展は別料金。高校生以下と18歳未満および70才以上の方は無料。障害者の方と同数の介護者は無料(障害者手帳が必要)。そのほか各種割引サービスはHPに掲載。
アクセス：鉄道バス利用：近鉄奈良線奈良駅下車、大宮通りを東へ徒歩約15分。JR関西本線奈良駅または近鉄奈良駅から市内循環バス外回りで、氷室神社・国立博物館下車すぐ。車利用：国道369号奈良市登大路町県庁東交差点を東へ約300ｍ。施設駐車場無。

Message メッセージ

奈良国立博物館では、いつ来ても、仏教美術の名品がご覧いただけます。正倉院展だけでなく、いつでも魅力的な展示をしていますので見にきてください。

4 寧楽美術館

⊙Summary 概要

　奈良公園の一角、東大寺南大門の西側の旧境内南端に接した閑静な場所に、吉城川（よしきがわ）の流れを利用した優美な池泉回遊式の庭園を備えた国の名勝依水園がある。東方の若草山と御蓋山や近接する東大寺南大門を借景とし、江戸時代の前園と、明治になって奈良の豪商であった関藤次郎が造営した後園とを統合した名園として知られている。

　その依水園の北西側の一角に建つ寧楽美術館は、東畑謙三の設計になる建物で、むくり屋根の特徴をもつ大和棟をイメージさせ、そこに現代的斬新さと風格を備え、周囲の景観に馴染むように建てられている。

　美術館の主な館蔵品は、海運業で財を成した中村準策に始まり、その後も3代にわたって蒐集した古美術品からなる。これらの貴重な資料は、1945年の神戸大空襲で被災し多くを失うものの、難を免れた美術品が、現在の寧楽美術館に継承されている。

↖Deep 詳しい解説

圧巻の陶磁器コレクション　館蔵品は日本・中国・韓国の美術品に及ぶが、分野別にみるとまず中国と朝鮮半島の陶磁器が挙げられる。中国陶磁器では青磁貼花牡丹文瓶など龍泉窯（りゅうせんよう）青磁のほか定窯（ていよう）白磁にも優品が少なくなく、宋代や金代の気品ある作品が多くを占める。朝鮮半島の陶磁器では高麗から李氏朝鮮時代の青磁や粉青沙器（ふんせいさき）を中心とした陶磁器にとりわけ優れたものがある。なかでも高麗陶磁器は高麗文化盛期の作品が主だが、韓国国内でも類例が稀な逸品が収蔵されており、ここでそのい

青磁貼花牡丹文瓶（浮牡丹）▷
（龍泉窯、南宋－元時代）

くつかを紹介する。

　高麗青磁には 10 世紀から 12 世紀の高麗初期から中期の製作になる盃碗、鉢、四耳壺、瓶、梅瓶、水注、盒子などがある。そのなかから特徴ある作品を見ると、中期の瓢形有蓋水注は同種の器形とはやや異なり独特の長い瓢形で、注口と把手はバランスの取れた流麗な曲線をみせ、緑褐色の釉薬がひときわ美しい。青磁四耳壺は口径が小さく裾が僅かに広がった独特の形態をもち、肩部の四耳は小さい環の座となるふたつの貼花文を配したもので、遼や宋代の青磁からの系統的な関係が推し量れる。またこの四耳壺と器形が類似する陰刻蓮花文梅瓶は、主文様である三輪の蓮花折枝文の繊細な陰刻技術による表現の美しさが特筆される。このほかにも花形瓶、陽刻牡丹文盃、陰刻菊花文茶碗、陰刻唐草文盒子、象嵌双魚文平鉢などがありいずれも逸品といえよう。

　13 世紀以降になると高麗後期の作品の数は少ないものの、例えば象嵌菊花文盒子は蓋表面に黒象嵌を地とし、そのなかに菊花文を白象嵌で表した珍しい作品である。象嵌陰刻菊牡丹文承盤は翡色の映える極めて薄い器壁が技術の高さを表しているほか、梅瓶に用いられる雲鶴文を取り入れた象嵌菊花雲鶴文扁壺や、象嵌菊花文瓶など象嵌技術を駆使した作品に見るべきものが多い。ほかにも緑褐釉四耳壺など、文様構成や意匠に特色もつ秀でた作品が多い。

　粉青沙器と白磁には、朝鮮時代でも 15 世紀を中心とした作品が数多くみられる。象嵌花文鉢は 3 枚の花弁を白象嵌で鮮やかに表現した朝鮮時代初期の作品、また彫花草文瓶は長頸で下膨れのポピュラーな形態の瓶で、頸部から胴部上半の文様帯に線刻で簡素な花草文を描く素朴で荒々しい作品である。印花菊花文鉢には 15 世紀初頭から中葉に存在した「仁壽府」の官司名が刻まれており、官庁へ納入されたことを示している。粉青沙器にはこのほか象嵌蓮唐草文鉢や印花菊花（縄簾）文壺などがある。白磁には鉢、瓶、水注、香炉

などがあり、ほかに黒釉扁瓶や黒釉各角瓶などが所蔵されている。このほか三国時代の土器把杯や、統一新羅時代の土器印文大型盒子や土器印花壺などがある。

本邦の陶磁器では尾形乾山の椿絵蓋茶碗や色絵秋草文菓子鉢をはじめとして、野々村仁清の蕪形向付や薄絵福袋壺、仁阿弥道八の京焼のほか、奥田木白の赤膚焼灰釉印花文灯籠や蝉飾付唐茄子形花器などもあり、本館の蒐集品の幅広さがわかる。

重要文化財の竹田筆「亦復一楽帖」 近世以降のわが国の書画や美術品も数多く、書画には絵師としても非凡さを発揮した森川杜園の紙本墨画の人形下絵貼交小屛風や、古典研究家として知られた貫名海屋の屛風などがある。なかでも近世の代表的文人画家のひとり田能村竹田筆の重要文化財亦復一楽帖は、画帳と詩文は不可分なものと考えた竹田独自の画面構成を良く表した作品である。秋晩樹老や風雨夕掩門など全十三図からなる画帳で、本館の代表的収蔵品のひとつとされ、毎年春秋に公開されている。なお本品は頼山陽の手を離れてから関東大震災と阪神大空襲という難を免れ今日に伝わる。

中国の碑帖には欧陽詢の化度寺碑帖、龍蔵寺碑帖、宋拓晋唐小楷帖などの名筆があるほか、王羲之の書である宋拓聖教序帖の拓本や、趙子昂の宋拓化度寺碑帖跋文なども収蔵されている。

中国印章の一大コレクション 一方金属器の収蔵品も少なくなく、饕餮文方鼎や蟠螭文壺など殷代から戦国時代の大型の容器類を中心とした青銅器、方格規矩四神鏡や流雲文方格騎獣画像鏡など漢代の青銅鏡、戦国時代の象嵌技術が発揮された帯金具である金銀象嵌雲文琴形帯鉤など中国古代の貴重な考古資料がある。さらに漢代を中心とした2,000点余りにものぼる中国印章の資料は国内有数のコレクションで見逃せないもの。前漢初期の魚鈕銅印「南郡侯印」や、前漢代の私印とされる「胡嬰・胡王孫」と刻まれた両面銅印や、東晋代の「劉徳」六面銅印など、収蔵数もさることながら多彩な種類と

北和

4 富楽美術館

一刀彫「融」(森川杜園、明治 20 年) ▷

内容を誇る。

☆Memo メモ

　本美術館には、このほか大和の古代寺院出土の瓦など貴重な国内の考古資料も蒐集されている。また柳沢吉里が将軍綱吉から拝領した木製漆塗り平目梨子地葵紋鳳凰蒔絵鞍と鐙や、彫刻家でもあった前述の杜園の源融の舞姿を表した一刀彫作品などもある。

　こういった収蔵品のなかから、定期的にテーマを設けて企画展が開催されており、最近では「優美なる韓国陶磁の世界」、「重要文化財赤復一楽帖と優品展」、「江戸時代の書画とやきもの展」などが開催されている。名園として名高い依水園の散策も併せて見学することをお薦めしたい。

(写真 3 点○公益財団法人 名勝依水園・寧楽美術館所蔵)

●Information 基本情報

名　　　称	公益財団法人　名勝依水園・寧楽美術館
開　館　年	1958 年
住　　　所	〒 630-8208 奈良市水門町 74　依水園
電　　　話	0742-25-0781
Ｈ　　　Ｐ	http://www.isuien.or.jp/museum.html
休　館　日	火曜日（祝日の場合翌日。4、5、10、11 月は無休）、年末年始。

＊依水園のみ開園で美術館が休館の日があり要注意。

開館時間：9 時 30 分から 16 時 30 分（入館 16 時まで）
　入館料（依水園の入園料を含む）：大人 900 円、大学生 810 円、中・高校生 500 円、小学生 300 円。＊15 名以上の団体割引 810 円。障害者割引 500 円（要証明書、介添え者 1 名無料）、毎週土曜日は保護者同伴の場合に限り小・中学生無料。

アクセス：鉄道利用：近鉄奈良線奈良駅から国道 369 号（大宮通り）を東へ約 600m、県庁東交差点を北折し 100m 先の登大路町交差点を東折して直進約 150m。駐車場無。

> 当館の照明は、色調及び光量を調節できる LED を使用しており、作品本来の色調を損なわずに鑑賞していただけるよう、調整しています。

Message メッセージ

◁ 寧楽美術館

5 興福寺国宝館

北和

5 興福寺国宝館　主な展示 ↓ 歴史（奈良・鎌倉）・美術（仏教）

⊙Summary 概要

　興福寺創建時に食堂が建てられた場所に、寺が保有する仏像をはじめ寺宝など文化財を収蔵・展示するために、食堂と細殿の外観を復元して建設された寺院風の公開施設建物。2018年にリニューアルし、館内のレイアウトや展示方法を大幅に刷新したため、現在は主な仏像などが直に拝観できるようになっている。館内では仏像彫刻を中心に、絵画、工芸品、典籍文書、考古資料など寺に伝えられた貴重な文化財や資料が展示されている。館では年4回一部の展示替えがされている。

🔎 Deep 詳しい解説

　圧倒される仏像群　館には10件の国宝と、5件の重要文化財に指定された仏像が安置されている。館内の中央にはかつて食堂の本尊であった木造千手観音立像（国宝）が安置されている。像内の銘記などによれば、治承4年（1180）の兵火の再興にあたって、運慶の父康慶の弟子であった成朝が本像の製作に任じられ、その後別の仏師によって引き継がれ、寛喜元年（1229）頃に完成したとされる。像の高さ5.2mの桧寄木造で、頭上の1面と天冠台上に10の仏面がつくら

▷館内展示風景

れている。合掌した2手と宝鉢を持つ2手以外に、左右それぞれ3段に配した19手が表されている。

乾漆十大弟子立像は元来、天平6年(734)に創建された西金堂の本尊である、釈迦如来像を中心とした仏像群の一部を構成する脱活乾漆像である。本像は奈良時代の像であり、治承や嘉暦の兵火や大火のなかを免れてきた。像によって袈裟の付け方に違いがあるが、いずれも髪を剃り法衣を着た姿で統一された舎利弗、目犍連、須菩提、富楼那、迦旃延、羅睺羅の国宝に指定された6躯が展示されている。

乾漆八部衆立像も先の十大弟子立像と同じく、元々西金堂に安置されていた奈良時代の像で、製作は十大弟子立像と同じく、百済系渡来人の仏師将軍万福と伝えられる脱活乾漆像である。八部衆は五部浄、沙羯羅、鳩槃荼、乾闥婆、阿修羅、迦楼羅、緊那羅、畢婆迦羅の8躯がすべて揃って拝観できる。五部浄だけは頭部と体部上半が現存するだけで下半を欠き、象頭冠を被った若年の顔貌を表す。沙羯羅も若年の面持ちで肩に蛇が巻き付いた像形で、鳩槃荼は口を開け怒髪の荒々しい表現が特徴的であるなど、それぞれ護法善神の特徴を巧みに表現している。八部衆のなかでも帝釈天と幾度も闘ったとされる阿修羅像は、とりわけよく知られている。三面六臂の本像だけは上半身に甲冑が表現されず、褪色しているが朱色の肉身に、天衣と多彩な色彩で文様を描いた条帛を巻くように掛

▷館内展示風景

りている。下半身には赤い裙を着け、腹甲を履く。釈迦の教化で守護神となった阿修羅の本像は、体躯も華奢で戦闘神であった荒々しい面影はなく、眉をしかめ迷いを断ち切ろうとする、緊張感漂う少年のような顔貌にみえる。

　木造金剛力士立像(国宝)は鎌倉時代の桧寄木造の阿形と吽形2躯の立像で、元は西金堂の須弥壇に安置されていた。堂内に安置する像であり、像高はどちらも154cm前後の法量である。本像は春日大仏師定慶作とする説があり、また吽形右足の柄の墨書きによって、正應元年(1288)に大仏師善増と観実によって修理されたことがわかっている。天燈鬼と龍燈鬼の2躯の立像は、四天王像の足下で踏みつけられた邪鬼に、仏前を燈籠で照らす役割を与えたものである。大きな燈籠を天燈鬼は肩にかつぎ、龍燈鬼は頭上で支える。架空の存在を写実的かつユーモラスに表現した龍燈鬼像内の墨書によって、運慶の三男である康弁が建保3年(1215)に製作したことが判明している。ともに西金堂に安置されていたもので、桧寄木造で鎌倉期鬼彫刻の傑作として国宝に指定されている。

　白鳳仏の白眉　国宝館には白鳳仏の代表として広く世に知られた銅造仏頭があり、蘇我倉山田石川麻呂によって創建された現在特別史跡に指定されている飛鳥山田寺の、かつて講堂に安置されていた本尊薬師如来像の頭部である。文治3年(1187)山田寺から本寺東金堂の本尊として移送されたが、応永18年(1411)の火災で頭部だけが焼け残り、新たな本尊の台座内に永らく納められていた。1937年に行われた東金堂修理にともない再び発見され、その際に見つかった本尊台座の嵌板の墨書によって、数奇な変転を辿った来歴が明らかにされた。本仏頭は体部など像の大半を欠いているものの、秀麗で豊かな表現の造形は、白鳳時代の仏像彫塑を代表する白眉として評価が高い国宝である。

　重要文化財の木造仏頭は像内に「西金堂釈迦」とあり、鎌倉復興

期の西金堂本尊であった桧寄木造釈迦如来像の頭部とされる。両手の一部や光背を飾っていた飛天像に加えて、化仏も残されている。従来から成朝の作とされてきたが、興福寺別当信円の日記によって、文治2年(1186)運慶作とする説が有力となっている。国宝板彫十二神将像は桧板にレリーフされた12面が揃う武神像で、東金堂の本尊薬師如来像の台座側面に貼られていたと考えられていて、平安中期に活躍が窺える画僧玄朝の図様を元に制作されたとされる。わが国では類例の少ない平安後期の板彫り仏教彫刻として知られ、褪色しているが本来は彩色され、かつ起伏をつけて立体感を感じさせる巧みな表現は、レリーフの技術の高さを充分に感じさせる。表現は誇張気味でユーモラスな印象があるが、どれもバランスのとれた動きのある像容が特徴といえる。

煌びやかな鎮壇具　仏像以外にも寺宝として所有する文化財は数多い。中金堂の須弥壇の発掘調査で出土した鎮壇具は、当時の工芸技術の粋を結集した豪華な品々で、一部は東京国立博物館に保管されているが、興福寺国宝館には魚々子文地蔓草状の唐花文様を打ち出した銀製鍍金唐花文椀、銀製鍍金唐草文脚坏、水晶念珠玉、水晶丸玉などがあり、いずれも国宝に指定されている。銅造華原磬(国宝)は唐高宗から贈られたと伝わる磬石でつくる楽器で、創建時には西金堂の仏前に置かれていた。本品は唐の高い技術によって製作した蝋型鋳造品で、伏した獅子を台とし、その背に立てた柱に雌雄の龍を絡ませ、4匹の胴の間に金鼓を吊す構造となっている。造形は複雑で繁辱だがそれを感じさせない洗練された傑作といえる。南円堂前に設置されていた弘仁7年(816)の銘をもつ銅製燈籠や、神亀4年(727)銘を刻した梵鐘がありどちらも国宝に指定されている。

　興福寺は経巻や書籍類も数多く所蔵するが、主要なものとして細字法華経、金剛般若波羅密経、成唯識論、大慈恩寺三蔵法師伝、二天王画像などの収蔵・展示品がある。なかでも『日本霊異記』(上

(写真3点〇興福寺所蔵)

也）は南都薬師寺の僧景戒が志怪志評にならって記した奈良時代の仏教説話集で、本書は延喜4年（904）の最古の写本で国宝に指定されている。

☆Memo メモ

発掘調査の公開や仏教文化の普及啓発活動　興福寺は平成に始まる伽藍整備工事が大規模に進められていて、それにともなう境内各所の発掘調査でこれまでに創建時の遺構の詳細が明らかにされたほか瓦をはじめ、二彩や三彩陶器など貴重な考古資料も出土し、その成果や出土品の一部が国宝館で公開されている。

普及啓発活動も積極的で、興福寺文化講座や仏教文化講座として、首都圏と地元奈良で定期的に宗教・美術史・建築史・考古学など幅広い分野の講演会を開催するほか、「興福寺友の会」制度や寺誌「興福」の刊行なども行っている。

⊃Information 基本情報

名　　　称：興福寺国宝館
開　館　年：1959年
住　　　所：〒630-8213 奈良市登大路町48番地
電　　　話：0742-22-5370
Ｈ　　　Ｐ：http://www.kohfukuji.com/about/construction/kokuhokan.html
休　館　日：なし
開館時間：9時から17時（入館は16時45分まで）
入　館　料：大人・大学生700円（600円）、中・高生600円（500円）、小学生300円（200円）。＊（　）は30名以上の団体。身障者手帳（コピーは不可）を提示された場合本人と介添1名まで半額。奈良市老春手帳（ななまるカード）の提示で無料。別に国宝館・東金堂連帯共通券（900円）有。
アクセス：鉄道バス利用：近鉄奈良線奈良駅下車、東へ約600m。JR関西線奈良駅下車、奈良交通バス市内循環系統県庁前下車すぐ。車利用：国道169号県庁東交差点西折、奈良県庁前南折すぐ。施設駐車場有（有料）。

◁ 興福寺国宝館

国宝館は耐震工事を経て平成30年にリニューアルオープンしました。照明を抑え、ガラスケースを極力減らした祈りの空間をぜひご拝観ください。

Message メッセージ

奈良県立美術館

◉Summary 概要

　奈良公園に隣接する官庁街の一角に建つ県立の美術館。吉川観方から風俗資料や浮世絵などが寄贈されたことを機に建設に動き1973年に開館した。その後も由良哲次が蒐集した日本国内や東洋の古美術資料、大橋嘉一が所蔵した現代絵画などが寄贈されたほか、富本憲吉の陶芸作品の蒐集に努めるなどして、これらが現在に至る館蔵品の核をなしている。

🔑Deep 詳しい解説

室町から江戸時代の多彩な絵画　代表的な収蔵品には絵画では近世以前の作品も少なくない。雪舟の作と伝えられる紙本墨画淡彩「秋冬山水図屏風」があるが、繊細な筆づかいや低い視点の構図などは、力強い筆致を特徴とした雪舟作品とは趣が異なる。室町後期の作と見られる紙本金地著色「洛中洛外図帖」は、京都の代表的

▷伝・雪舟「秋冬山水図屏風」

▷洛中洛外図帖

四条橋

清水寺

◁ 葛飾北斎筆「瑞亀図」

古社寺、町並、祭礼、風俗を描いた画帖である。狩野松栄が制作に関わったとされ、室町から江戸前期の数ある洛中洛外図のなかでも古い作例のひとつである。奥村政信の筆になる絹本著色「七夕二星図（たなばたにせいず）」は、牽牛と織女を七夕意匠の着物を纏った若者と少女として描いており、人物と牛の動作が巧みに表現されている。紙本著色「瑞亀図」は葛飾北斎が繊細な表現で亀と老夫婦を描いた吉祥用の掛幅であり、画中に稲葉華渓の「醴泉涌出……」の賛がある。親子の龍が絡みながら天に昇る情景をダイナミックに表現した「子母龍図」は、中林竹洞が子息竹渓の成長を願って描いた作品である。このほかに高麗時代の絹本著色「楊柳観音図（ようりゅうかんのんず）」が所蔵されていて、朱や金泥などを用いた彩色の巧みさや、繊細な描線にこの時期の特徴が表れている。

明治の画壇を代表する橋本雅邦の、伝統的な題材に合理的な構図を持ち込んだ「烏鷺図」、歴史画家ともいわれる植中直斎の故事に題材を求めた「賜豊御酒」、みずみずしさと叙情的な雰囲気が漂う中沢弘光の「浴粧」、対照的な崩壊した構造物の直線的表現と肉体の曲線とを巧みに構成した古沢岩美の「壁」など、近代・現代絵画にも優れた作品がある。

版画には鈴木春信の横中判錦絵「輿入」があり、黒地を背景に淡泊で品のある人物表現が印象的である。ほかに喜多川歌麿「一富士二鷹三茄子」、東洲斎写楽「市川男女蔵の奴一平」、歌川広重の「名所江戸百景・深川洲崎十万坪」などの竪大判錦絵がある。

秀吉や家康の書状　書蹟には豊臣秀吉朱印状や徳川家康書状など

◁ 富本憲吉作「磁器赤地金銀彩羊歯模様蓋付飾壺」

を収蔵する。前者は天正18年9月7日付で、秀吉が柘植左京亮(柘植与一)に所領を加増した印判状。後者は慶長年間と思われる正月21日付で、前田玄以・増田長盛・石田三成・長束正家へ宛てたもので、秀吉から下知のあった普請のため半役を京に向かわせたという内容の書状である。

染織には近世初期の上質な絹の綸地絹「白綸地菊水文様絞染小袖」や、色糸や金銀糸による豪華な刺繡による奇抜な構成の「薄紅麻地葡萄文箱文様繡帷子(ぬいのかたびら)」のほか「白綸子地桜筏文様染繡帯(しろりんず)」など高い技術と意匠を凝らした貴重な作品が揃う。

室町や桃山時代の「色々威腹巻(いろいろおどし)」や、「(葵紋)於武州江戸越前康継」銘の刀などの武具・武器が所蔵されているほか、陶器類には舶載の「加彩婦人俑」や「唐三彩兎耳鉢」など盛唐文化を代表する加彩明器や器物がある。

富本憲吉のコレクション　館では陶芸家として人間国宝(国の重要無形文化財の認定の保持者)にも認定された富本憲吉の作品の多くを蒐集し、代表的なコレクションのひとつである。奈良県安堵村出身の憲吉は、郷里の窯で楽焼や土焼を始め、さらに染付や白磁を手がけた。上京した後はその作域に色絵磁器を加え、ついには独特の色絵金銀彩の境地を開いた。憲吉は技術至上の風潮に縛られることなく、伝統の良さを保持しつつ、常にオリジナリティーを希求した、近代芸術の世界で異彩を放った陶芸家である。代表的な所蔵品としては大正年間の「楽焼草花模様蓋付壺」、東京時代の「白磁八角壺」、「磁器色絵スベリヒユ模様大皿」、「磁器色絵四弁花更紗模様六角飾筥」、戦後京都に移住して以降の時代の「磁器赤地金銀彩羊歯模様蓋付飾壺」、「磁器金銀彩羊歯模様大飾皿」などがある。美術館ではここで紹介し

(写真6点○奈良県立美術館所蔵)

た主要な作品を特別展・企画展のなかで展示している。

☆Memo メモ

　館では年間4回程度の特別展や企画展を実施しており、他の美術館と協力して企画する巡回展なども組み込んで開催している。近年の特別展には、代表作の「山海図絵(伊豆の追憶)」(公益財団法人木下美術館蔵)に見られる細密な描写で独特の作風を拓いた異色画家「幻の画家 不染鉄展」、光と影や豊かな色彩で幻想的な作品で知られる影絵作家「藤城清治　光のメルヘン展」、近代日本美術界に奈良の文化財の美を評価させた「奈良礼賛〜岡倉天心、フェノロサが愛した近代美術と奈良の美〜」、世界を変えた現代のグラフィックアートに触れる「アメリカ現代美術の巨匠達」などがある。

●Information 基本情報

名　　称	奈良県立美術館
開　館　年	1973年
住　　所	〒630-8213 奈良市登大路町10-6
電　　話	0742-23-3968
Ｈ　　Ｐ	http://www.pref.nara.jp/11842.htm
休　館　日	月曜日(祝日の場合はその翌平日)、年末年始(12月28日から1月4日まで)、展示替え期間中(随時)
開館時間	9時から17時まで(入館は16時30分まで)
入　館　料	一般400(300)円、高校・大学生250(200)円、小・中学生150(100)円。＊( )は20名以上の団体料金。特別展は別料金。身体障がい者・療育・精神障がい者保健福祉の各手帳を提示の方と介助の方1人は無料。外国人観光客(長期滞在者・留学生を含む)と付添の観光ボランティアガイドの方は無料。企画展はその他の減免あり。
アクセス	鉄道利用：近鉄奈良線近鉄奈良駅1番出口から徒歩5分。車利用：国道169号奈良市登大路町県庁東交差点北約100mの交差点西折約200m。国道369号(大宮通り)奈良市登大路町奈良県庁西交差点北折約100m。登大路自動車駐車場(有料)。

> 見る方の心に響く美術品、これまで注目されてこなかった価値ある美術品の展示に努めていきます。また、解説の丁寧さ・読みやすさにも努めます。

Message メッセージ

◁ 奈良県立美術館

7 入江泰吉記念奈良市写真美術館

⦿Summary 概要

　奈良各地の名所や旧跡などの四季の風景、東大寺のお水取りに代表される伝統的行事、仏像を中心とした文化財などを題材とした写真が、高く評価された入江泰吉の功績を顕彰するため、1992年に公立としては西日本で最初の写真美術館として開館した。入江はモノクロ写真に拘ったり、風景写真に霧や雨などを巧みに取り込むなど、独特の写真世界を切り開き、奈良大和路の写真家として知られた。国際装幀展金賞や菊池寛賞など多くの受賞歴をもつ。

　高円山の山麓にある新薬師寺に隣接した落ち着いた景観と、時代を感じさせる環境にあるこの美術館の建物は、黒川紀章氏の設計によるもので、展示室などを地下に収めて緩やかな勾配の瓦屋根として、古代建築をイメージしたデザインが印象的である。

◤Deep 詳しい解説

入江泰吉の写真世界　「しゃくなげの室生寺塔」、「宵月薬師寺伽藍」、「斑鳩の里落陽」、「蒼古の色濃き玄賓庵への道」など、四季折々の古代寺院や古道などを題材にした作品は、自然の移ろいのなかで主題

▷入江泰吉作品「斑鳩の里落陽（法隆寺塔）」

（写真2点〇入江泰吉記念奈良市写真美術館所蔵）

の魅力をひきだすとともに、大和路の独特の佇まいが感じられる代表的作品といえる。また「水に映える東塔」や「春めく二月堂裏参道」などは、巧みな構図が印象的で、新鮮な視点で一瞬を切り取ったカメラワークに冴えと、鋭い観察力が感じられる。これらの古代建築だけにとどまらず、古寺の仏像、野仏、四季の花、伝統行事など、古都奈良に相応しい題材を被写体とした多くの作品を残している。

古色に彩られた大和路　これまでに、奈良各地での作品を地域ごとに紹介した「大和路巡礼シリーズ」展、古色という色彩表現を見出した入江の色彩感覚を紹介した奈良大和路の色彩「やまといろ」展、写真で万葉の風景を表現した「よみがえる万葉のこころ」展、霧や露などで濡れた潤いのある大和路をとらえた「ミスター・ウエット・イリエ」展などを開催して、入江の作品の特徴を順次紹介している。

○Information 基本情報

- **名　　称**：入江泰吉記念奈良市写真美術館
- **開 館 年**：1992年
- **住　　所**：〒630-8301 奈良市高畑町600-1
- **電　　話**：0742-22-9811
- **H　　P**：http://irietaikichi.jp/
- **休 館 日**：月曜日（祝日の場合は最も近い平日）、祝日の翌日（祝日が平日の場合）、展示替え期間中、年末年始（12月27日～翌年1月3日）
- **開館時間**：9時30分～17時（入館は16時30分まで）
- **入 館 料**：一般500円、高校・大学生200円（高校生は土曜日無料）、小・中学生100円（土曜日無料）。＊奈良市在住の70歳以上の方は無料。障がい者手帳・療育手帳・精神障がい者保健福祉手帳をお持ちの方は無料。団体（20人以上）は2割引。
- **アクセス**：鉄道バス利用：JR奈良駅（東口）奈良交通バス2番のりばから市内循環外回り、近鉄奈良駅奈良交通バス1番のりばから市内循環外回り、いずれも破石町（わりいしちょう）下車、南東方向に約600m。車利用：国道169号奈良市紀寺交差点を東折、突き当り奈良教育大学前交差点を南折、最初の信号を東折し、約500m奈良教育大学敷地東端を北折約300m。写真美術館から南へ100mの場所に施設駐車場有（1時間まで無料、以後は有料）。

入江作品のほか、国内外で優れた写真作品を発表した日本を代表する写真家、先駆的で将来性豊かな若手写真家などの作品展を開催しています。

Message メッセージ

◁ 奈良市写真美術館

奈良市史料保存館

⦿Summary 概要

　奈良市内に残された古文書や歴史資料を調査・蒐集し、貴重な資料については史料保存館において保管・管理するほか、近世の奈良奉行所の模型やかつての奈良町の古地図なども展示されている奈良市が運営する施設である。史料保存館では小規模だが企画展示として、年に4回程度テーマを設けて展覧会を開催している。また最近は「ならまち歳時記」と題した展覧会を月替りで開催していて、新しい発見や知識を得ることができ、ならまちを散策・探訪する際の事前学習や参考とするための来館者も多い。

◤Deep 詳しい解説

　奈良町の移り変わりを映す地図　過去に開催された展示から、主な収蔵品の一部を紹介しよう。史料保存館には幕府が藩に命じて作成させた近世の古絵図や町絵図があり、当時の奈良町の街区や構造などをつぶさに知ることができる重要な史料である。天保6年（1835）6月の「芝新屋町物絵図」は、町の中央を「物通り57間9寸（約104m）」、幅約3mの道が南北に通り、町筋が現在に引き継がれていることがわかる。この道に面して東側に10軒、西側には13軒の町家が建ち並び、各屋敷の間口・奥行き・坪数・持ち主などが細かく記載されている。天保15年の『和州奈良之図』では元林院町周辺の町割りなどの状況がよくわかる。当町には「竹坊」と称して仏画を描く絵師がいたことから、絵屋町とも呼ばれていた。この付近は明治には花街として大変賑わい、置屋であった建物が今も残されている。元禄2年（1689）に遡る「奈良惣中御改帳」では、奈良町の各町の家数や、かまどの数、寺社の場所を詳し

館内展示風景▷

く記録されていて、元林院町についてはすでに絵屋町といわれ、中ほどの辻子を四の室辻子といったことなどが記載されている。

また筒井庄八による明治22年（1889）の『奈良細見図』は奈良町を中心にして周囲の山々を輪郭とした配置のなかに、当時の神社仏閣、陵墓、町名、周辺の村落、道路、山川、池、学校、役所、銀行などが詳しく描かれている。ここでは奈良七大寺と奈良八景なども紹介されている。ほかにも明治2年（1869・天保5年写）の『中筋町絵図』、江戸時代後期の『西御門町惣絵図』、宝永6年（1709）の『和州南都之図』など貴重な絵図史料が保管されている。

春日信仰にまつわる行事　奈良町の行事について各自治会などに残された記録も存在する。なかでも春日講についての記録は多い。春日講は奈良町を代表する信仰行事で、奈良町だけでなく近在の農村も含め、町民がこぞって祭りを行い、種々お祝い事をともに喜び、町の結束を深める行事であった。天保5年（1838）『諸祝儀入帳』や文久4年（1864）『諸祝義控』など、お祝いのあった家が町に届ける、祝儀の項目や金額などの規定を書き留めた史料も残されている。近世には、新しい住人が町民に紹介されるほか、子供の誕生や結婚、家の代替わり、還暦、春日講の世話役である年預の祝いの報告・披露が行われた。春日講は正月11日や21日など各町で決まった日に町の会所などに集まり、祭壇に町に伝わる春日社の神様を描いた「春日宮曼荼羅」や、「春日鹿曼荼羅」などをかかげて祀り、さらに春日社に詣でて神楽を奉納する。そのあと一同で直会の宴を催す。奈良の風物詩ともいえる鹿の角きり行事は、春日の神鹿である鹿による事故や鹿同士傷つけあったりすることを未然に防ぐために、江戸時代に始まったとされている。奈良の人々が鹿にどう対処したかは、町記録や江戸中期の『奈良町絵図』から窺うことができる。

町のくらしと奉行所　奈良町の行政支配の実態を知ることのでき

◁ 奈良奉行所模型

る史料も少なくない。特に町政については奈良奉行所に有力町人から選ばれた町役人である上町代や、奈良奉行所の与力が残した執務日記に詳しく記されている。寛文7年（1667）や文化4年（1807）の『奈良奉行所町代日記』や、宝永4年（1707）の『奈良奉行所与力日記』（いずれも市指定文化財）などには、奉行所への訴訟や各種届の記録のほか、触の覚書、奉行の動向記録、来訪者の接待記録、春日若宮祭礼や興福寺薪能など南都寺社の行事など詳しく記されている。まさに奈良奉行所管内の様々な出来事や行事の具体的記述を通して、奈良町の地域支配のあり方が明らかにされるといってよいだろう。東向北町に伝わる『萬大帳』（市指定文化財）も町役人による記録で、正月行事、町内諸事件の顚末、家屋敷の売買、鹿の対処など、正保2年（1645）から明治16年までの240年間にわたっての記録で、東向北町の慣例や時事などについて、町役人らが備忘のために記したもの。延宝6年（1678）から安政3年（1858）までの分が井上町に伝わる『井上町町中年代記』（市指定文化財）も近世以来書き継がれた、井上町の年寄や年役による町の記録で、町の取り決めや祝儀、寺社への奉仕、家屋敷の売買、米価、災害、御触書など、町内のくらしの詳細が記されている。これらの記録は、奈良町とそこに住む町民の日常のくらしと、町社会のしくみや動態までも教えてくれる重要な史料といえる。現在の奈良女子大学の場所に置か

◁「井上町町中年代記」
（町有・市指定文化財）

（写真4点○奈良市史料保存館所蔵）

れた奈良奉行所については、復元模型も展示されている。

✦ Academic 学術

地震災害の貴重な記録　このほか興味深い史料として、奈良町だけでなく周辺の災害について記録された史料が残されている。嘉永7年（1854）に伊賀上野付近を震源とする直下型地震を記した『嘉永七年六月大地震瓦版』や、先述の『井上町町中年代記』などによって、被害に見舞われた奈良市内の被災や避難の状況が窺える。また奈良の名産のひとつに酒があるが、奈良の酒は「僧坊酒」とも呼ばれているように、室町時代から主に寺院で造られたが、その後清酒の原型となる新しい技術が開発され、「南都諸白」として銘酒の名をはせた。明治の奈良町の商家や名所を紹介した明治17年（1884）の『大和名勝豪商案内記』には、近世に創業した讃岐屋兵介や、菊屋治左衛門など造り酒屋の店先の風景などが描かれている。

⊃ Information 基本情報

名　　　称	奈良市史料保存館
開　館　年	1992年
住　　　所	〒630-8337 奈良市脇戸町1-1
電　　　話	0742-27-0169
Ｈ　　　Ｐ	http://www.city.nara.lg.jp/www/contents/1428987559569/
休　館　日	月曜日（その日が休日のときは開館、その後最初の平日に休館）、休日の翌日（その日が土・日・祝日のときは開館）、12月29日から1月3日
開館時間	9時から17時（入館は16時30分まで）
入　館　料	無料
アクセス	鉄道バス利用：近鉄奈良線奈良駅から南へ徒歩約15分。JR関西本線奈良駅から南東へ徒歩約20分。近鉄・JR奈良駅からともに市内循環バスで北京終町（きたきょうばてちょう）下車北へ徒歩8分。近鉄奈良駅から中循環バス「北袋町」下車徒歩約6分。車利用：国道169号奈良市紀寺交差点から西へ約600mの交差点（4つ目の信号）を北折し約450m。施設駐車場無。

◁ 奈良市史料保存館

> 奈良市に残る古文書や歴史資料の収集、調査、保管、展示などを行っています。古文書や古絵図などを通して、いろいろな角度から奈良町の歴史情報発信中！

Message メッセージ

9 奈良市杉岡華邨書道美術館

◉Summary 概要

　書家でかな書の第一人者とされ、1995年に文化功労者、2000年に文化勲章を受章した杉岡華邨(かそん)(1913～2012)の作品を収蔵・展示する美術館。華邨から主な作品266点の寄贈を受けた奈良市が、2000年に旧奈良市街地のならまちの家並みのなかに建設した白亜の建物で、華邨の作品を保存するとともに、作品を広く公開し、併せて書道史の研究及び関係資料の蒐集を進め、書道の発展に資することを目的としている。このことは開館祝賀会における「館が拠点となって書道芸術から見た平城京や平安京の歴史、書道教育と書を通して社会浄化に貢献するあり方を考えたい」という華邨の挨拶に凝縮されている。

✦Academic 学術

かなの歴史と魅力　かな書の美を追求した華邨は『かな書き入門』のなかで、仮名の歴史やかな文字の造形美について解説している。漢字が伝来して文字文化が始まって以降、わが国では日本語を表すため、日本語の語順によって漢字の音を借用して表記するようになる。5世紀には使われていた万葉仮名(まんようがな)は、1音が特定の漢字1字に定まっているわけではなかった。平安時代になり男手と呼ばれた楷書や行書で書かれていた万葉仮名、草書体を用いた草仮名、書き崩した女手などが生み出され、わが国ではながらく種々様々な平仮名が使用され続けた。また万葉仮名の一部を取り、画を省略する

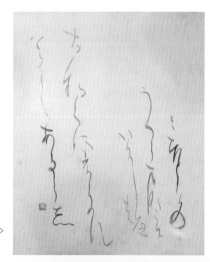

杉岡華邨作「みほとけ」▷

などした片仮名に変化するなど、万葉仮名からの仮名の変遷を詳しく説明している。華邨はかな書について、平安時代の歌人などが和歌や手紙を造形的に美しく書いたように、書全体の配置や多種の変体仮名（へんたいがな）を選択するなどして表現するのだという。

幅広い研究と合作　そういった視点に立脚した書家として華邨は、源氏物語の研究にも邁進することになり、物語に登場する人物の書にまで踏み込んで、作者紫式部の書道観を究明した。その成果は『源氏物語と書生活』に纏め上げられている。

単に書家としての立場を超えた華邨の代表作として「最上川」、「香具山」、「玉藻」などが知られているが、万葉歌碑の揮毫がきっかけとなった日本画との合作である「万葉の花」、良寛の「子どもと遊ぶ」や「窓の月」などもあり、華邨の幅広い活動を物語っている。

◤Deep　詳しい解説

多彩な作品展　第1回の企画展は文化勲章を受賞した書家の作品展として2002年に開催され、華邨ほか西川寧、金子鷗亭、青山杉雨、村上三島の作品が勢揃いした。開館以来、毎年3ないし4回の展覧会が開催されている。その後今日までの主な展覧会として、散らしというかな書独特の美を紹介した「かな書の美・散らしの世界」、万葉集など大和の古今の歌に関する作品「大和のうた　万葉の歌」、元興寺・興福寺・大安寺・唐招提寺・東大寺など南都諸寺の僧侶の書を扱った「南都諸大寺名僧墨蹟展」、帖や冊子などに表現された華邨の細字作品の魅力をつたえた「華邨の帖・巻子に見る細字の世界」、2008年に開催された成田山書道美術館「成田山新勝寺開基1070年祭記念杉岡華邨展」に出陳された華邨の精選作を紹介した「帰郷展」などがある。

☆Memo　メモ

美術館では講演会や講座も頻繁に開

館内展示風景▷

北和

9　奈良市杉岡華邨書道美術館　主な展示↓美術［書道］

催されていて、展覧会にともなうものとしては、書道文化講座や列品解説講座がある。書道文化講座では書道に関わるテーマだけでなく、文化・歴史学者、古典文学者、日本画家、僧職のほかに、製墨・表具・石工などの技術者や、彫刻・絵画などの芸術家なども招いて、書から派生する幅広い分野の講演会が企画されている。書道が日本の文化に深く根ざし、その中で育まれたことを発信するという館の方針が窺える。また「年賀状の書き方」のような書道実技講座も開催されていて、実用的な内容を盛り込んだ独特の講座も設けている。

（写真2点〇奈良市杉岡華邨書道美術館所蔵）

◯Information 基本情報

名　　　称：奈良市杉岡華邨書道美術館
開　館　年：2000年
住　　　所：〒630-8337 奈良市脇戸町3番地
電　　　話：0742-24-4111
Ｈ　　　Ｐ：http://www3.kcn.ne.jp/~shodou/
休　館　日：月曜日（祝日の場合を除く）、祝日の翌日（その日が平日の場合）、年末年始（12月26日～1月5日）、展示替えの期間
開館時間：9時から17時（入館は16時30分まで）
入　館　料：300円、240円（20名以上の団体）
　以下の方々は観覧料が無料。
　・市内に居住する70歳以上の方。
　・身体障害者手帳、療育手帳、精神障害者保健福祉手帳の交付を受けた方及びその介護を行う方。
　・16歳未満の者並びに高等学校の生徒及びこれに準ずる方。
アクセス：鉄道バス利用：近鉄奈良線奈良駅より南へ徒歩約15分。JR関西線奈良駅より南東へ徒歩約20分。近鉄・JR奈良駅からともに市内循環バス「北京終町」（きたきょうばてちょう）下車北へ徒歩8分。近鉄奈良駅から中循環バス「南袋町」下車徒歩約6分。車利用：国道169号奈良市紀寺交差点から西へ約600ｍの交差点（4つ目の信号）を北折し約500ｍ。駐車場無（体の不自由な方用の駐車スペース1台有）。

> 99歳を目前に亡くなるまで生涯現役を貫いた華邨の書業をご覧いただき、その人柄に触れ日本独自のかな書の美をご堪能ください。

Message メッセージ

10 元興寺法輪館

⦿Summary 概要

　元興寺は奈良町のなかに所在する真言律宗の寺院で、世界遺産に登録されている「古都奈良の文化財」の構成文化財の一つである。法輪館（元興寺総合収蔵庫）は、元興寺に関する文化財の展示・収蔵施設。元興寺は飛鳥にあった法興寺（現飛鳥寺）が平城京遷都にともない、官寺として移転した。法輪館では主に元興寺極楽坊所有の寺宝のほか建造物の解体修理や、仏像などの修理を経た文化財の一部、1965年に史跡指定を受けた境内における発掘調査によって出土した遺物などを収蔵展示している。

▶Deep 詳しい解説

聖徳太子立像と弘法大師坐像　仏像には重要文化財に指定されている木造阿弥陀如来坐像、寄木造聖徳太子立像、木造弘法大師坐像などがある。阿弥陀如来坐像は半丈六像の来迎相の姿を表現した平安時代の作で、カヤ材の一木造に塑土で肉付け金箔を押した重厚な像である。聖徳太子立像は極楽坊が南都の太子信仰の拠点となっていたことを象徴するもので、像内納入品によって文永5年（1268）仏師善春の作であることが明らかになっている。太子の像姿は、父の病気平癒を祈る柄香炉を持ついわゆる孝養像と呼ばれている。元興寺は弘法大師が同寺泰信和上を戒師としたことなどから、大師との関係が深い。弘法大師坐像は鎌倉時代の作で、像内から多数の納入品や、朱書きの理趣経などが確認されている。このほか平安時代後期の興福寺千体仏のなかの一体と見

重要文化財・寄木造聖徳太子立像 ▷

◁ 国宝・五重小塔（伝元興寺塔雛形）

られる聖観音菩薩立像、鎌倉期とされる半跏思惟の如意輪観音像、同じく鎌倉期の光背の裏に瑠璃光浄土を表現した薬師如来坐像など多数の仏像を収蔵する。

珍しい五重小塔　仏像以外ではまず建造物として国宝指定の五重小塔（伝元興寺雛形）を挙げることができる。一説では、光明皇后発願の元興寺西小塔堂に置かれていたものとされ、かつての古社寺保存法によって 1901 年に国宝指定を受けて以来、屋内の適切な環境に置かれていたため保存状態も良い。古代の一般的塔のほぼ 10 分の 1 の高さ約 5.5m の小塔だが内部の構造まで実物同様に製作された本格的な建造物で、1967 年に解体修理が行われているものの、建築当時の部材を多く残している。建物の緊結は釘を使用せず置き重ねによっているなど、現存する奈良時代の塔として極めて貴重な遺例である。2014 年には五重小塔が東京国立博物館で開催の「日本国宝展」のため、一旦解体して輸送し出陳されている。

極楽往生を願う庶民の信仰　元興寺極楽坊は中世には死者の極楽往生を願う人々の、納骨やその供養の場となったことが境内の一角に並ぶ石塔からも窺える。昭和の元興寺本堂解体修理や、境内の防災工事にともなう発掘調査の出土品の中には、古くは鎌倉時代から近世初期までを含む、主に中世庶民の仏教信仰に関わる貴重な資料が多数ある。整理が進められた結果、そのなかの総数 65,000 点余りが重要有形民俗文化財に指定されている。納骨器として用いられた宝塔、宝篋印塔、五重塔、地蔵尊のほか、塔婆、紙本印仏、千体仏、柿経など仏教信仰に関わるものが多くを占め、その一部が展示されている。なかには穢れを祓う物忌札や様々な願文などもあって、

◁ 庶民の仏教信仰を示す「納骨小塔」

北和 10 元興寺法輪館

当時の人々の様々な悩みを垣間見ることができて興味が尽きない。

　文書・絵画類では、元興寺極楽坊と本尊智光曼荼羅の来歴について金泥彩色の絵と詞書で記した元禄期の「元興寺極楽坊縁起絵巻」が所蔵されている。浄土三曼荼羅の一つ智光曼荼羅図は、「日本往生極楽記」によれば、奈良時代の三論宗の学僧であった元興寺仙光院の智光が、夢に現れた浄土を描いたとされるものだが、「七大寺日記」にある大江親道が嘉承元年（1106）に見たとされる、方一尺二寸の小曼荼羅の原本は、宝徳3年（1451）の土一揆の際に焼失している。現在元興寺には明応6年（1497）法橋清賢による写本とされる、重要文化財の本尊絹本着色智光曼荼羅図が小型厨子内に安置されている。また重要文化財指定の大型の板絵彩色「智光曼荼羅」がある。布貼りの桧板に漆を塗りさらに黄土を塗った横板に、阿弥陀如来を中央にした極楽浄土の世界が描かれ、製作は12世紀末から13世紀前半とされている。後者の智光曼荼羅は法輪館において秋の特別展の時期にのみ開扉される。このほかには、考古資料、石造物、美術・工芸、民俗資料、古文書、古写真など多くの資料が展示されている。

☆Memo メモ

　展覧会や講座など積極的な文化財公開　法輪館では毎年春季には企画展、秋季には特別展が開催されている。舎利奉納と遺骨埋納に関わる資料を取り上げて、塔の役割や素材の変容に見られるように、

人と塔との関係を通史的に探った「小仏塔の世界」展や、元興寺の復興と仏教建築技術の来歴に焦点を当てた「元興寺再生」展のほか、「極楽行きのタイムカプセル」展では、奈良時代から現代までの骨蔵器の消長を辿って、わが国の独特の葬送儀礼や火葬の思想に触れる展示などが開催されてきた。また法興寺が飛鳥から平城京に移転した際に再利用するため運搬された建築古材などが、禅室の屋根裏で今も確認でき「国宝禅室・屋根裏探検」として、一般に公開する行事も企画された。

これら法輪館において開催される特別展にともなう講演会が開催されているほか、元興寺や奈良町にまつわる様々なテーマや、元興寺文化財研究所がこれまでに関わった調査や研究などの成果を、市民に語る「実践文化財学」なども実施していて、普及啓発活動も積極的に行われている。

（写真4点○元興寺法輪館所蔵）

⊃Information 基本情報

名　　　称	元興寺法輪館（元興寺総合収蔵庫）
開　館　年	1970年
住　　　所	〒630-8392 奈良市中院町11（元興寺境内）
電　　　話	0742-23-1377
Ｈ　　　Ｐ	https://www.gangoji-tera.or.jp/
休　館　日	なし
開館時間	9時から17時（入館は16時30分まで）
入　館　料	以下の元興寺拝観料に含む。

大人500円（20名以上団体の場合1人400円、秋季特別展期間中600円）、中学生・高校生300円、小学生100円。
身障者は手帳呈示により半額。奈良市ななまるカード（高齢者）持参の場合無料。

アクセス：鉄道バス利用：近鉄奈良線奈良駅から南東に徒歩約15分。JR関西本線奈良駅から東に徒歩約20分。JR奈良駅、近鉄奈良駅から奈良交通バス天理駅・下山・窪ノ庄行き、福智院町（元興寺東口）下車、西に徒歩約5分。

> 元興寺法輪館には、五重小塔（国宝）をはじめとする数々の貴重な宝物が収蔵されています。極楽堂（本堂）参拝後には、ぜひお立ち寄りください。

Message メッセージ

◁ 元興寺法輪館

11 奈良市埋蔵文化財調査センター

◉Summary 概要

市内に平城京を抱える奈良市の埋蔵文化財の調査を担う市教育委員会所管の施設。市内で発見された遺跡や出土した遺物など、発掘調査成果を展示室で公開している。

✦Academic 学術

奈良の都を掘る　平城京の考古学的調査は奈良文化財研究所、奈良県立橿原考古学研究所、奈良市、大和郡山市の主に四者が実施しているが、中でも奈良市埋蔵文化財調査センターの役割は大きく、調査の対象は京内に所在した宅地、寺院、市、街路、運河など多岐にわたる。このような平城京の調査で出土した屋瓦、須恵器や土師器などの土器類、炊飯具、金属製や木製の工具や容器、木履や下駄などの履物、柱や扉板などの建築材、陶製や木製の井戸枠、銭貨、土馬や人形などの祭祀具、木簡など日常生活と密接に関わる多彩な遺物があるほか、なかには竿秤用の錘、桧扇、物差し、鍵、独楽、賽子、碁石、イスラム陶器など珍しい出土品もあり、時期を限って展示される。いにしえの都の人々の暮らしを垣間見ることができ、時間を超えて古代の生活が身近に感じられる。

◤Deep 詳しい解説

発掘調査を積み重ねて復元された都の条坊内の宅地模型をみると、平城宮に近い広大な屋敷地に建つ大型主屋を中心とした建物群からなる貴族の宅地と、一方で都の南辺部の下級官人や庶民の宅地と思われる、狭小な敷地に建つ粗末な建物とを比較し

平城京跡出土の錘と物差し▷

△ 館内展示風景

て対照的に展示されている。「咲く花のにほふがごとく」と詠われ華やかで優雅な都の支配層の暮らしが窺える反面、都の繁栄を底辺で支えた庶民の厳しい生活があったことを教えてくれる。

七重塔が聳えた大安寺　京内の寺院では、史跡整備が継続する大安寺の出土品が展示されている。聖徳太子の熊凝精舎に発しその後移転を重ねて、平城京遷都とともに大安寺となった大寺で、南大門、中門、金堂、講堂が一列に並ぶ伽藍の南に大路を挟んで東西の塔が置かれた。塔は七層の巨大な建造物とされているが、出土品にはそれに相応しい重厚な金銅製水煙や風鐸がある。講堂からは屋瓦として、藤原京大官大寺の瓦や二彩の垂木先瓦も出土している。この大安寺旧境内からは佐波理箸、水晶玉、緑釉陶器などのほか、色鮮やかな唐三彩の陶枕をはじめとした貴重なものや、それを真似た奈良三彩も出土している。ほかにも白磁や青磁など中国磁器も少なくなく、「大安寺左右酒」、「東院」などと記された墨書土器もみられる。

横穴墓や奈良町の出土品　平城京以外では、市西部の西大寺赤田横穴墓群の古墳時代の陶棺が目を惹く。調査された7基の横穴から出土した特有の土師質亀甲形陶棺は、埴輪工人との系譜が窺われ興味深い。また前方後円墳杉山古墳から出土した堅魚木をのせた切妻造の家形埴輪や、菅原東遺跡の埴輪窯出土の馬形埴輪のほか、ベンショ塚古墳の甲冑や馬具など古墳時代の

◁ 赤田横穴墓陶棺

（写真4点○奈良市教育委員会所蔵）

展示品も充実している。

奈良町の発掘調査も近年多くの成果を挙げている。奈良町各所から出土した文具、化粧具、喫茶・喫煙具、炊飯具、陶磁器などが展示されていて、社寺との関係が深い中・近世に栄えた町屋の暮らしが感じられる。

☆Memo メモ

センターでは「出土品が語る奈良の歴史」という展示の趣旨に沿って、毎年時宜を得たテーマを取り上げた特別展を開催している。春季には調査成果のいち早い発信を図るため発掘調査速報展を企画しているほか、大学などと連携した巡回ミニ展示も行われている。また文化財を学ぶことができる講演会や講座はもとより、遺跡探訪ツアー、発掘調査体験、考古学体験ワークショップなど市民や子供向けの事業も企画されている。

➲ Information 基本情報

名　　　称	：奈良市埋蔵文化財調査センター
開　館　年	：1983 年創設、1999 年新センター開設
住　　　所	：〒630-8135 奈良市大安寺西二丁目 281 番地
電　　　話	：0742-33-1821
Ｈ　　　Ｐ	：http://www.city.nara.lg.jp/www/genre/0000000000000/1148016308187/
休　館　日	：土曜日、日曜日、祝日、年末年始（12月29日～1月3日）
開館時間	：9 時～17 時（入場は 16 時 30 分まで）
入　館　料	：無料
アクセス	：鉄道バス利用：近鉄奈良駅・新大宮駅から奈良交通バス 28 系統「恋の窪町」行き「大安寺西 2 丁目」下車すぐ。JR 奈良駅・近鉄奈良駅から奈良交通バス 22 系統「県立図書情報館」行き「大安寺西口」下車、西へ徒歩 2 分。車利用：国道 24 号「柏木町」交差点より東へ 250m、または奈良県立図書情報館より南へ 750m。施設駐車場有。

現在につながる日本文化の中には、平城京から始まったものが多くあります。発掘調査で出土した遺物から当時の様子を学べますので、ぜひ見に来てね。

Message メッセージ

◁ 奈良市埋蔵文化財調査センター

11 奈良市埋蔵文化財調査センター

12 平城宮跡資料館

◉Summary 概要

　平城宮跡は元明天皇の時代に造営された平城京、すなわち「ならのみやこ」の天皇の住まいである内裏や大極殿を中心に政が行われた官公庁が存在した場所で、資料館は平城宮と京跡で継続的に実施されてきた発掘調査の成果を展示公開している。平城宮跡の本格的な発掘調査は1955年に始められ、以降宮殿の構造や変遷、多くの役所の位置や構造、さまざまな現業部門の活動の実態などに関わる重要な発見や成果を上げてきた。

　常設展示室では平城宮の歴史や発掘調査過程の紹介など、特別史跡・平城宮跡のこれまでの歩みを概観した上で理解を深められる構成となっている。その趣意にもとづき展示では、役所や宮殿内部を復元しているほか、わが国では最初の本格的で壮大な規模をもつ宮城の造営が具体的にわかるよう、土木工事、資材の調達、物資の生産など、新たな都づくりの中心となる平城宮の実際を復元してみせている。

◤Deep 詳しい解説

平城宮跡の構造と官省　中国の都城に倣って計画された平城宮は、都の中央を貫く南北道路である朱雀大路の北端に位置した、朱雀門にとりつく築地大垣によって囲まれた約120haの空間を占める。奈良時代前半には朱雀門を入った広場の北には、臣下が政務を行い、時には国家の重要な儀式も執り行われた4堂の建物からなる朝堂院が、その北側には回廊で囲まれた大極殿院の北側中央

◁ 館内展示風景

に天皇が出御する大極殿が建てられていた。宮内東側にも廊下が伴う朝集殿院と政務を司る東区朝堂院があり、その北側は主に天皇の日常生活の場である内裏が配置されていた。近年までの発掘調査で、これらの地区の建物の規模や構造のほか、諸建築物の配置なども明らかになってきた。

今日でいえば霞ヶ関の官庁街にあたる宮の中枢部周辺では、調査成果から具体的な位置と遺構が明らかになった役所がある。内裏のすぐ東側、内裏外郭内の内裏に隣接する「区画」では、周辺から「宮内省」と書かれた墨書土器や木簡が出土しており、宮内省が置かれていた可能性が高い。さらに内裏の東からは「造酒司」と書かれた文書木簡や、酒の原料である米の荷札木簡が出土しているほか、須恵器の酒甕を据えた土間や、酒造りの大井戸などが設けられており、酒や酢をつくっていた宮内省に属する造酒司が置かれていた場所であったことが判明している。

平城宮には東側に広く張り出した地区があり、その南東隅からは池畔に石を敷き、中島を作り、池に架かる橋や、池中に張り出した建物などが配置された、趣向を凝らした豪華な遺構からなる東院庭園が発見されている。当時の記録には宮中の年中行事や重要な儀式などが行われた場所として、東院の名が記されているだけでなく、神護景雲元年（767）の記録には東院玉殿の完成と、瑠璃の瓦を葺いたともある。発見された庭園跡からは、これらの遺構とともに緑色釉がかかった瓦が出土していることなど、特別の饗宴や儀式の場に相応しい発掘調査の成果が得られている。

平城宮を中核として、条坊により区画割りされた都市であった平城京は、廃都後はその区画のまま田畑に利用されたため、地下の遺構は永らく保存された状態を維持してきたが、近年の宅地化や商工業の進出による著しい開発によって市街化が一挙に進んだ。資料館ではこれらの開発にともなって発掘調査された都城の街区や、人々

北和

12 平城宮跡資料館　主な展示 ↓ 歴史・考古（奈良）

◁ 平城宮内から出土した木簡

▷ 出土した和同開珎（復元）

の暮らしに関わる成果も紹介している。

木簡が語る奈良の都　これまで60余年間にわたって行われてきた発掘調査で出土した遺物は膨大な量に及び、宮殿や役所などで使用された調度品、食器、調理具、文具、銭貨、娯楽具、祭祀具、服飾具など多岐に及ぶ。また瓦、塼、柱など建築物に関わる遺物も多数出土している。なかでもとりわけ注目されるのは木簡で、奈良時代の実情を伝える貴重な生の文字資料は、宮内の政務や勤務の実態や、各役所の位置の特定、税徴収や宮造営のための物資運搬などのほか、平城京の生活に関わる事柄や都と地方の関係についても、新たな事実を明らかにしてくれた。宮内で出土した木簡には、地方から調や庸など税として都に運ばれた物資の荷札も多数含まれており、若狭や周防の塩、安房の鰒、駿河の鰹など、当時の諸国の特産物が判明している。また、なかには手習いのため何度も同じ文字を練習したり、和歌や漢詩の一部を書いたとみられる木簡があり、当時の役人の日常が感じられるなど、これまでに木簡の果たした役割は計り知れない。

政治制度や都市機能の整備を進める一方で、政府は経済的な安定を図るため、和同開珎に代表される貨幣の本格的な鋳造と流通を目指した。京内の各所から出土する奈良時代の銭貨はその実態を証

再現された貴族の食事 ▷

明しじいぅ。面白いことに都の役所以外のところで銭貨の鋳型が見つかっていて、私鋳銭工房の跡と考えられている。貨幣経済がスタートして間もない時期に、すでにニセ金つくりも始まっていたことになる。

　先年、平城京に近い左京三条二坊の発掘調査で邸宅の主が特定された長屋王邸跡、およびその隣接地の調査でも膨大な木簡が出土している。邸宅内で検出された諸々の遺構や出土遺物も併せて検討すると、広大な敷地を占め、正殿を中心に建物が構成されていた居住環境や、家政機関のしくみなどから、庶民とは隔絶した経済的に豊かで優雅な貴族の生活の様子が垣間見えてくる。こういった貴族邸宅での出土資料も参考にして設けられた奈良時代の「古代の食事」コーナーでは、食卓に復元された貴族と庶民の料理が比較できるように並べられ、見学者が興味を惹かれる展示のひとつである。

✦Academic 学術

最新の調査研究を紹介　展示室の一角では、考古学と科学技術の学際的研究成果も紹介している。遺構などの事前調査や三次元データの活用などに欠かせない探査技術や測量技術のほか、原料や材質同定のための化学分析技術、精度の高い暦年代確定への年輪年代測定法の利用など、日進月歩ともいわれる発掘調査の最新の姿も知ることができる。

☆Memo メモ

　資料館では毎年2・3回の特別展、企画展示、ミニ展示などが開催さ

研究の成果や方法を学ぶ展示 ▷

北和

12 平城宮跡資料館

れている。最近では毎年夏に、動物をテーマにした「平城京のどうぶつえん」や、奈良時代のゴミ廃棄やリサイクルを取り上げた「平城京"ごみ"ずかん」など、子供向けの展示を開催している。毎年秋には「地下の正倉院展」と称して木簡の実物展示も行っており、国宝に指定された木簡を展示する「国宝 平城宮跡出土木簡」や全国から都へ送られた荷物に付けられた荷札木簡に焦点を当てた「荷札 木簡をひもとく」を開催して好評を得ている。

なお資料館では来館者のための解説ボランティアが充実し、資料館のガイダンスはもちろんのこと、ほかに平城宮跡の定点ガイドや、事前予約をすると宮跡のツアーガイドも楽しめる。また事前にホームページで資料館の内容を確認する場合には、Googleストリートビューも利用でき、便宜がはかられている。

（写真6点○奈良文化財研究所所蔵）

⇒Information 基本情報

名　　　称	独立行政法人国立文化財機構奈良文化財研究所　平城宮跡資料館
開　館　年	1970年（2010年にリニューアル）
住　　　所	〒630-8577　奈良市二条町2-9-1
電　　　話	0742-30-6753
Ｈ　　　Ｐ	https://www.nabunken.go.jp/heijo/museum/
休　館　日	月曜日（月曜が祝日の場合はその翌平日）、年末年始（12月29日から1月3日）
開 館 時 間	9時から16時30分（入場は16時まで）
入　館　料	無料
アクセス	鉄道利用：近鉄奈良線・京都線大和西大寺駅下車、北口を出て東へ徒歩約15分。車利用：国道24号奈良バイパス二条大路南一交差点を西へ約1km、さらに二条大路南五交差点を北へ約1km、二条町交差点を東折すぐ。施設駐車場有。

一歩資料館を出ればそこは特別史跡・平城宮跡です！展示をご覧になった後は、ぜひ平城宮跡内を散策し、奈良時代の息吹を体感してください。

Message メッセージ

◁ 平城宮跡資料館

13 奈良大学博物館

⦿Summary 概要

奈良大学が学術調査や研究によって蒐集した資料を収蔵している施設で、大学教育での活用を重点に置きつつ、研究活動の成果を公表する場や、博物館学芸員資格の取得をめざす学生の実習の場として、また広く一般への公開をも目的として設置されている。収蔵品は美術・考古・歴史・民俗資料などの分野に及ぶ。

▶Deep 詳しい解説

実践的な大学教育の資料が揃う 教育活動での博物館利用を主眼としていることもあって、調査した美術資料や考古資料など、学問分野、素材・材質、製作時代などを超えて、資料の見方や整理の方法などが学べるように蒐集されている

興味深い木版印刷の板木 本館の収蔵品の中でもとりわけ注目されるのは印刷・出版に関する資料で、近世を中心とした木版印刷

北和

主な展示 ↓ 歴史・考古・美術（奈良）

▷館内展示風景

の資料としての板木だろう。これらは京都の老舗古書店竹苞書楼の旧蔵品を含んだ5,000余点の板木の蒐集品が中心となっている。「源語梯」は塩屋平助が版元の源氏物語の注釈本で、2枚の収蔵品は江戸時代のものとしては最古とされる源語梯板木である。勢多唐巴詩は江戸時代中期の風刺の効いた狂詩作者として知られた、銅脈先生こと畠中観斎の手になる「おかげまいり」などを扱った狂詩集で、勢多唐巴詩板木は館に6枚が収蔵されていて、板木には与謝蕪村の下絵になる扉絵がある。なお蕪村については、ほかに紙本墨書の書簡が収蔵されている。また高野山上にあったといわれる高野版板木のうちの町版とされる仏教関係の板木や、上田秋成の作である枕詞の解説書として知られ、かつ自筆でもある冠辞続貂板木や、四代長谷川小信の画になる「八重垣姫」にみられるように、文楽人形版画板木など中世から近代にいたる様々な板木が蒐集されている。

　源氏物語色紙絵は、江戸初期の土佐派の絵師によって製作された「桐壺」・「若菜下」・「紅葉賀」・「葵」など、五十四帖のなかの6枚があり、同色紙絵のなかでも初期の作とされる。またこれと関連する源氏物語図屏風なども所蔵されている。変わったところでは、晩秋

△源氏物語図屏風

（写真3点○奈良大学博物館所蔵）

北和

13 奈良大学博物館

雄鹿などを荒削りに表現した彫刻家太田昭夫の木彫作品なども所蔵している。

✦Academic 学術

展覧会を通じて調査研究の面白さを発信 博物館は1年に3回前後の企画展や特別陳列などを開催している。最近は「モンゴル国の遺跡調査とデジタルアーカイブ」、「発掘された古代国家」、「縄文から中世の秋篠・山陵」などのテーマで、大学が携わった考古学的調査の成果を公開する内容や、地域の文化財保護行政機関との連携企画も積極的だ。また「鉄道と地図と地域変容」、「中国民間の紙々」、「心理学研究と"こころ"のものさし」など、分野を問わず展示を通して、学術研究や調査の面白さだけでなく、新たな展示手法の発見を喚起することに繋がる意欲的な展覧会も開催されている。

◯Information 基本情報

名　　　称：奈良大学博物館
開　館　年：2007年
住　　　所：〒631-8502 奈良市山陵町1500
電　　　話：0742-44-1251
Ｈ　　　Ｐ：http://www.nara-u.ac.jp/museum/inform/
休　館　日：日曜、祝日、年始・年末（12月24日から1月5日）、展示期間以外
開館時間：9時から16時30分（平日）、9時から12時（土曜日）
入　館　料：無料
アクセス：鉄道バス利用：近鉄京都線高の原駅から徒歩約18分。近鉄京都線高の原駅から奈良交通バス学園前駅行き・奈良大学構内行きで奈良大学（奈良大学構内）下車。車利用：国道24号奈良市ならやま東詰交差点から、ならやま大通りを北西に約2.5km奈良大学バス停の南側。大学駐車場利用。

◁ 奈良大学博物館

大学博物館は教育・研究活動を紹介する施設で、地元をはじめ多くの方々に利用していただきたい。古都奈良を訪れるときは、ぜひともご来館ください。

Message メッセージ

14 松伯美術館

◉Summary 概要

　女流日本画家の第一人者であった上村松園、上村松篁と上村淳之三代にわたる作品の寄贈を上村家より受け、1994年に開館した美術館。館は奈良市登美ケ丘にある大渕池の畔に構えた、故佐伯勇近畿日本鉄道株式会社名誉会長の旧邸敷地内の一角に建てられた近代的な建物である。1階のガラス張りの入口からエントランスを入ると、展示の中核を担う第1展示室と第2展示室のほか特別展示室が、2階には第3展示室が設けられている。地階にはミュージアムショップがあって来観者のサービスに供している。

❰Deep 詳しい解説

　絵や素描から汲み取れる画家のまなざし　松伯美術館では上村松園、松篁、淳之の三代にわたる本画、下絵、素描などの作品の収集、保管、展示を通じ上村家三代の画業を紹介している。三代の作品を展示するほか特別展や公募展なども開催されており、これまでに開催した特別展としては、京都府画学校から京都市立芸術大学への歩み「近代日本画の本画と下絵展」、「余白の美　象徴空間の魅力」、よき人よき友松篁の見つめた人々「革新者たちの挑戦」、受け継がれる東洋の自然観と理想世界を副題とした「花鳥画の心」展などがある。所蔵品展のひとつとしては、上村松園・松篁・淳之三代展「画家の仕事」が2018年に開かれている。本画とともに下絵や素描も同時に鑑賞することで、構想や完成に至る過程を辿るだけでなく、常に自身のありようを追求する画家の生き方を感得しようとする意図を籠めた展示であった。

　また日本画・花鳥画を対象とした公募展が年1回開催され、審査選考した入賞作などを展示・公開し、館として日本画の普及や作家の育成に繋がる事業にも積極的である。

上村松園「鼓の音」(上) ▷
「人形つかい」(下)

上村家三代の日本画

上村家3代の作品について触れてみる。上村松園は官展を中心に活躍し、謡曲の物語などに取材した気品ある格調高い女性像や、市井の女性を描いて人物画に新境地を拓いた。1948年女性として初めての文化勲章を受章している。作品には「鼓の音」、「娘」、「花見」、「人形つかい」、「花がたみ」、「楊貴妃」などつとに名高い作品がある。明治末期の代表作のひとつ「人形つかい」を見ると、巧みな人物配置と動きの瞬間の捉え方に加え、太い描線による表現などの特徴が窺えるが、謡曲「花筐」を題材とした大正期の作品「花がたみ」や「楊貴妃」では、次第に目立たない柔らみを感じさせる描線へ推移していて、気高さえも漂う洗練された描写には、作風の変容と境地を極めたことを感じさせる。

上村松篁は近代的造形、色彩感覚を取り入れた花鳥画で知られ、1984年に文化勲章を受章している。松篁の作品には童話の世界を描いたような印象を受ける「月夜」など初期のものや、昭和40年から50年代の完成期の作品などが多くを占めている。自然への畏敬の念と深い愛情に満ちた花鳥画を描き、色彩豊かで自然で明るい画風に境地を拓いた。「丹頂」のほか「燦雨」、「蓮」、

◁ 上村松篁「月夜」

「真鶴」、「水温む」などが代表作として知られる。

　上村淳之は東洋独自の絵画表現を模索しながら花鳥画の新しい展開を切り拓き、2013年　文化功労者として顕彰をうけている。作品には「晴れ間」、「月に」、「夕日に」、「白鷹」、「四季花鳥図」などの代表作がある。

✦Academic 学術

　松園の創作活動と生涯　松園は写生や縮図はすべて、筆を使った墨線で描いており、実際の制作に使用していた毛筆、墨、硯、刷毛、物差し、矢立のほか、落款や眼鏡なども保存されていて、在りし日の松園の資料やゆかりの品を通して、創作活動の姿を偲ぶことができ、関連する特別展などの機会には展示されることがある。

（写真4点○松伯美術館所蔵）

⊃Information 基本情報

名　　称：	松伯美術館
開館　年：	1994年
住　　所：	〒631-0004 奈良市登美ケ丘2丁目1番4号
電　　話：	0742-41-6666
Ｈ　　Ｐ：	http://www.kintetsu-g-hd.co.jp/culture/shohaku/
休 館 日：	月曜日（祝日は開館し、次の平日が休館）、年末年始、展示替期間
開館時間：	10時〜17時（入館は16時まで）
入 館 料：	大人（高校生・大学生を含む）820円、小学生・中学生410円。特別展は大人1,030円、小学生・中学生510円。＊20名以上の団体は1割引。障がい者手帳提示で本人と同伴者1名は2割引。
アクセス：	鉄道バス利用：近鉄奈良線「学園前駅」北口バスターミナル5・6番のりばより、バスで約5分「大渕橋（松伯美術館前）」下車、大渕橋を渡った右側。施設駐車場有（台数に限りがあるため、できるだけ「電車・バス」でお越しください）。

広い敷地は、四季折々に美しく趣を変える庭園が広がり、美術鑑賞だけでなく、彩り豊かな草花や木々…といった自然を愛でながら散策も楽しんでいただけます。

Message メッセージ

◁ 松伯美術館

15 大和文華館

⦿Summary 概要

奈良市の西郊外に開発された学園前の住宅地に立地する、東洋美術の優品を所蔵することで名高い美術館。近畿日本鉄道第5代社長であった種田虎雄の意向を受けて、美術史家の矢代幸雄が館の理念と構想に基づきコレクションし、博物館の基礎を築いて1960年に開館された。

蛙股池畔に近い館の入り口から、四季折々の花が咲き野趣に富んだ文華苑のなかの小径を通り本館へと誘われる。「近代数寄屋」と称された和風建築家吉田五十八の設計になる、池を眼下にした小高い丘陵に建てられた本館は、海鼠壁（なまこかべ）が目を惹く桃山建築をイメージした、重厚な概観が特徴的な建物で、周囲の自然豊かな景観に融け込み調和的である。展示室は広い空間をもつ1室で回廊状の鑑賞動線としている。

館には矢代の東洋美術の再評価という視点をもとに、中国、朝鮮、日本を中心とした絵画、書蹟、漆工、金工、陶磁、染織など多岐にわたる分野の秀でた作品が収められている。その収蔵品には国宝4件、重要文化財31件、重要美術品14件の指定文化財を含んでいる。

⬇Deep 詳しい解説

惹かれる南宋の名画　収蔵品を代表するいくつかを紹介しよう。まず絵画では、南宋時代に宮廷画家として名をはせた李迪（りてき）の「雪中帰牧図」（国宝）を挙げることができる。同じく南宋の宮廷画家である毛益の「萱草遊狗図・蜀葵遊猫図（かんぞうゆうくず・しょっきゆうびょうず）」（重要文化財）があ

展示場 ▷

▷国宝・雪中帰牧図（右幅・李迪筆）

▷重要文化財・萱草遊狗図（伝毛益筆）

り、これは親子の猫と犬の繊細な毛描表現や、植物と奇岩の精細さと大胆さを併せ持った特徴ある表現の巧みさで知られる。館には狩野安信筆と狩野守道筆とされる、先の「雪中帰牧図」の忠実な模本があって原本褪色部分を補う。

物語絵巻や山水画の秀作

平安時代の絵画には著名な「寝覚物語絵巻」(国宝)の詞書4段と、絵4段からなる同絵巻末尾とされる1巻がある。平安後期の作り絵式の物語絵巻の代表的作品で、形式化がみうけられるなかでも、金銀の切箔を撒き、鮮や

△国宝・寝覚物語絵巻（第四段）

重要文化財・染付山水文大皿（有田［伊万里］）▷

かな色紗を用いるなど装飾性に富んだ絵巻と評価される。それだけでなく本絵巻は文芸としての物語絵と、そこに貫徹された無常という仏教信仰の世界が表わされているのが特徴である。
室町時代の山水画では、関東の水墨画で独自の世界を作り上げた雪村の「楼閣山水図」があり、ここには山陰に隠れるように建つ書斎で隠遁する理想を描いている。ほかにも花鳥図屏風、雪村自画像、呂洞賓図など雪村の作品を収蔵する。

見ごたえのある陶磁や金工品の逸品　陶磁にも重要文化財の青磁九竜浄瓶や染付山水文大皿などの優品が揃う。前者は高麗青磁窯が存在した全羅南道康津郡出土とされ、澄んだ灰青色の釉に味わいがある青磁浄瓶だが、3段に配された九つの竜頭と、胴部に竜身を躍動的に表現した意匠をもつ事例はほかには知られていない。後者は伊万里焼でも初期に製作された、鍔縁をなす口縁を呈した小さな高台畳付をもつ、径約46cmの大皿染付である。見込みには粗放ながら鮮やかに描かれた山水が映える。

金工品のなかで唐代の銅製貼銀鍍金双鳳狻猊文八稜鏡は、唐草文や打ち出し文様の技術など、意匠と製作技術に西域からの影響がみえ、唐代の金工技術の高さと文化の国際性が窺える。内外区の界線も八稜にデザインされ、内区は狻猊と鳳凰を同じ画面に現し、それに鳥を加えて果実をつけた唐草文で充填するように全体がバランス良く配置されている。優れた唐鏡のひとつで重要美術品。

彫刻では北魏延興2年（472）の銘をもつ、砂岩製の石造釈迦如来坐像が知られる。高さ30cm余りの小像

石造釈迦如来坐像（北魏）▷

北herb

15 大和文華館

だが、表現は極めて秀麗。右肩を露わにした袈裟着姿で禅定印を結ぶ如来坐像で、光背裏面には4段に構成した釈迦降誕の場面を浮彫で表現している。

☆Memo メモ

　展示活動の内容をみると、最近では「蘇州の見る夢」、「宮川長春展」、「建国1100年高麗金属工芸の輝きと信仰」などの特別展、「中世の人と美術」、「社寺の風景展」、「生命の彩花と生きものの美術」、「富岡鉄斎 文人として生きる」などの特別企画展を交え、比較的短い期間の展覧会が毎年8回ほど開催されている。期間中には展覧会テーマに合わせた特別講演、日曜美術講座、講座美術の窓、シンポジウムなどが数多く開催され、展覧会への興味や展示品の理解を促す行事に積極的である。また学芸員による列品の解説も頻繁に行われていて、来館者に対する配慮が充分に感じられる。

（写真7点○大和文華館所蔵）

◯Information 基本情報

名　　　称：	大和文華館
開　館　年：	1960年
住　　　所：	〒631-0034 奈良市学園南1-11-6
電　　　話：	0742-45-0544
Ｈ　　　Ｐ：	http://www.kintetsu-g-hd.co.jp/culture/yamato/
休　館　日：	毎週月曜日（祝日の場合は開館し、次の平日が休館）
開館時間：	10時〜17時（入館は16時まで）
入　館　料：	〈平常展・特別企画展〉一般620円、高校・大学生410円、小学・中学生無料。〈特別展〉一般930円、高校・大学生720円、小学・中学生無料。＊20名以上の団体は相当料金の2割引・1名無料、身障者手帳等ご提示により本人と同伴者1名まで2割引。
アクセス：	鉄道利用：近鉄奈良線「学園前」駅下車徒歩約7分。車利用：阪奈道路学園前インター南から北へ約1.7km。施設駐車場有。

◁ 大和文華館

「東洋の美術は自然の額縁のなかにおいて一番美しく見える」という矢代幸雄初代館長の理念に基づき、建物は自然に囲まれ、展示場には竹の庭があります。

Message メッセージ

16 中野美術館

⊙ **Summary** 概要

　吉野で林業を営んだ実業家の中野皖司（かんじ）が蒐集した、主に近代絵画を収蔵・展示する美術館。奈良市西郊外の閑静な住宅地の中にある蛙股池畔の自然豊かな環境の中に美術館が立地する。建物は大阪千里にある万博迎賓館を設計したことで知られる彦谷邦一によるもので、自然の林が残る池畔という周囲の環境にマッチした瀟洒な建物である。建物内部は吉野林業で財をなした皖司だけに、赤身だけを製材した吉野赤杉を使用するなど、内装材にも配慮が行き届き、美術品の鑑賞に相応しい落ち着いた雰囲気を醸し出している。

↘ **Deep** 詳しい解説

村上華岳や入江波光の秀作を展示　入り口から降りたラウンジのある1階は、日本画展示室で16点あまりの作品が展示され、茶室なども設けて和風空間を演出している。ここでは特に所蔵品の核となる村上華岳や入江波光の作品のほか、高村光雲の作になる木彫「西王母」が展示され、ふくよかな優しさが感じられる。2階は洋画展示室とし、明治から昭和初期にかけての近代日本の油絵が収蔵作品の中心である。ほかに長谷川潔や駒井哲郎らの銅版画も含めて25作品前後を常設展示している。展示室中央には足を交叉させた巧みな構図に現代女性を象徴的に表現した、佐藤忠良のブロンズ作品「若い女・夏」が置かれ観覧者の目を惹く。

　大学で美学を学んだ皖司は林業を経営するかたわら、明治、大正、昭和にかけての洋画や日本画の蒐集に力を注いだ。日本画では南画の系統下で独自の世界を切り開いた村上華

高村光雲「西王母」▷

◁ 須田国太郎「ヴァイオリン」

岳の「中国列仙伝十六幅」、「梅の図」、「早春風景図」、「幽山雲烟」、「嵒峰秋晩」などが保有されているほか、入江波光の「天女」、「ゆく春」、「草刈りて帰る女」や、小林古径の「富士」などがある。館の収蔵品には富岡鉄斎、横山大観、小林古径、土田麦僊など近代日本画壇を彩った著名な画家の作品も少なくない。

蒐集のきっかけとなった須田国太郎の作品　洋画では皖司の絵画蒐集のきっかけとなったと言われている須田国太郎の作品に「大山田神社附近」、「ヴァイオリン」、「夏の午後」、「牛の居る風景」、「紅薔薇」、「雉」などがある。皖司は国太郎の作品について「画面の底から滲み出てくるような、何か深いものが私の心を捉えて離れない」と記していて、地味な画面のなかにひとを惹きつける渋さと奥行きを感じさせると評価される。皖司が若い頃その作品に没頭したとされる鳥海青児の作品には「大理石を運ぶ男」、「万里の長城」、「山肌」などが所蔵されている。このほかの主な洋画には、萬鉄五郎「雪景色」、村山槐多「松の群」、浅井忠「秋郊」、小出楢重「鏡のある静物」、中川一政「林檎三つ」、梅原龍三郎「桜島」、岸田劉生「童子

（写真5点〇中野美術館所蔵）

館内風景 ▷

小出楢重「鏡のある静物」▷

北和

16 中野美術館

京戯図」や「青年の首」、藤田嗣治「婦人」、国吉康雄「スザンナ」など著名な作品も多く、幅広い収蔵品はさらに青木繁、古賀春江、藤島武二、安井曾太郎などの作品にもおよぶ。また銅版画家として著名な長谷川潔「コップに挿したアンコリの花」や駒井哲郎の作品も所蔵する。

　美術館では常設展示とは別に、これまでに「近代の文人画」、「山と樹を描く」、「昭和の絵画―須田国太郎・鳥海青児・長谷川潔・駒井哲郎を中心に―」などのようなテーマで「春季展」と「秋季展」および随時「所蔵名品展」などを開催している。

⊃Information 基本情報

- **名　　称**：公益財団法人　中野美術館
- **開 館 年**：1984年
- **住　　所**：〒631-0033 奈良市あやめ池南9丁目946-2
- **電　　話**：0742-48-1167
- **Ｈ　　Ｐ**：http://www.nakano-museum.jp
- **休 館 日**：毎週月曜日（但し、祝日の場合は開館し、翌日休）、2・8月、年末年始（詳細はホームページでお知らせ）
- **開館時間**：10時～16時（入館は15時45分まで）
- **入 館 料**：一般600円、大・高生・65歳以上500円、小・中生250円。
  ＊20名以上の団体は100円割引。
- **アクセス**：鉄道利用：近鉄奈良線学園前駅下車、南出口から徒歩約8分。車利用：近鉄奈良線学園前駅南約400m信号を東折約400m。施設駐車場有（3台）。

洋画の須田国太郎と鳥海青児、版画の長谷川潔と駒井哲郎、日本画の村上華岳と入江波光など共鳴し合う作家同志の展示空間作りを心掛けています。

Message メッセージ

◁ 中野美術館

17 帝塚山大学附属博物館

⦿Summary 概要

　前身の帝塚山考古学研究所展示室を改組し、博物館相当施設として 2004 年に認可され、現博物館が発足した。博物館の所蔵資料は考古資料をはじめ歴史資料、民俗資料、美術資料など多岐に及ぶが、常設展示されているのは、東アジアの考古資料が中核をなしている。前身の展示室時代には、縄文時代から古代・中世に至る、発掘調査品を含む多彩な考古資料が展示されていたが、現在は専らわが国のほか、朝鮮半島や中国など東アジアの屋瓦のコレクションに重きを置いた内容となっている。

◤Deep 詳しい解説

　系統的に蒐集された東アジアの瓦　朝鮮半島の瓦は高句麗、百済、新羅、統一新羅、高麗まで豊富に揃う。高句麗の瓦は楽浪の影響を受けた高句麗初期のものに始まり、その後軒丸瓦は蓮弁の形態や中房の装飾性が豊かになる文様変容が窺え、特徴ある赤褐色を呈した蓮蕾文軒丸瓦や鬼面文軒丸瓦などがある。百済の瓦は都が扶余に遷都されて以降のものが多く、簡素な蓮弁に特徴のある軒丸瓦や、垂木先瓦などがみられる。三国時代の新羅の瓦生産は、多分に高句麗と百済の影響を受けて発展したことが、瓦当文様から読み取れる。新羅によって半島が統一された後に、瓦当文様は独特の華麗な意匠を展開し新境地を拓く。軒丸瓦では唐の影響を受けた新たな宝相華文や、繊細で複雑にデザイン化された蓮華文などのほか、瑞鳥や迦陵頻伽など華やかな文様が加わる。また軒平瓦も同様に偏向文、

◁ 館内展示風景
常設展（右）
第23回特別展（左）

燕の饕餮文半瓦当（中国・戦国時代、上）
獣面文軒丸瓦（中国・南北朝時代、下）

均整文、葡萄文などの唐草文のほか、鬼面文、飛天文など実に多彩な文様が生み出される。

中国の瓦には西周に遡る平瓦があるほか、戦国時代燕国の饕餮文半瓦当、斉国の樹木双獣文半瓦当など古い資料の収蔵品がある。また漢代の雲気文軒丸瓦や「長生未央」・「延年益寿」など銘のある軒丸瓦、六朝の単弁蓮華文軒丸瓦、唐代の複弁蓮華文軒丸瓦など充実した資料が揃う。

国内の瓦資料も豊富で、川原寺、奥山廃寺、定林寺、西安寺、藤原宮、大官大寺、南滋賀廃寺、山村廃寺、海会寺、上野廃寺など飛鳥・白鳳時代の瓦をはじめ、平城宮、東大寺、西大寺、薬師寺、大安寺、陸奥国分寺など飛鳥から奈良時代を中心とした古代の瓦研究の基準となる収蔵資料も数多く、その主要な資料が展示されている。

考古・美術・民俗にわたる多彩な資料　瓦以外の中国の考古・美術資料にも見るべきものがあり、漢代の星雲文鏡、方格規矩四神四獣鏡、内行花文鏡や、唐代の海獣葡萄鏡、鳥獣草花文八稜鏡などの銅鏡が所蔵されている。ほかに三国時代の彩画墓塼や東晋の青銅熨斗、唐代の塼仏や銅製楽人像、元代の青白磁観音菩薩坐像がある。本邦の彫刻を含む工芸品などの美術資料には、江戸時代の厨子入薬師如来坐像、釈迦如来立像、阿弥陀如来立像、役行者坐像などの仏像や、見性寺地蔵菩薩像版木があり、また源氏物語図柄鏡や南天梅図柄鏡など近世の柄鏡もコレクションされている。

民俗資料も蒐集されていて、近世の糸車、箱火鉢、煙草盆、行灯、熊胆木香丸看板などが、また祭りや祭祀に関わるものに近世の能面や獅子頭、近世から近代にかけての絵馬蒼前神像や恵比寿像がある。日常のくらしや信仰に関わるものも揃う。

✦Academic 学術

近世奈良の地誌や社寺縁起のコレクション　書籍や帖には室町期の大般若経巻のほか、僧賢宝の筆になる「図像抄」などもあるが、とりわけ近世の地誌・社寺縁起に関する史料は注目できる。「大和国奈良国中寺社名所奮跡記」、「大和社寺名所旧跡記」、「和州奈良之絵図」、「和州泊瀬寺縁起」、「興福寺再興大伽藍観化疏」、「南都法隆寺御宝物図会」など、地元奈良における近世の歴史研究に欠かせない貴重な史料が所蔵されている。

☆Memo メモ

博物館では毎年春季と秋季に2度の特別展を開催するほか、随時小規模な企画展示も開かれている。近年は「色・いろ・イロな瓦―色瓦の世界―」、「東アジアの塼―その連続の美―」、「瓦の来た道―中国瓦の歴史―」などの特別展が開催された。また同大学の考古学研究所とともに古代史や考古学に関連する市民講座も毎月2回開講するなど、校内外を対象とした幅広い、研究成果の公開活動を行っている。

（写真4点○帝塚山大学附属博物館所蔵）

➲Information 基本情報

```
名　　　称：帝塚山大学附属博物館
開　館　年：2004年
住　　　所：〒631-8501 奈良市帝塚山7-1-1
電　　　話：0742-48-9700
Ｈ　　　Ｐ：http://www.tezukayama-u.ac.jp/museum/
休　館　日：日曜祝日、大学休講日
　（大学行事等により休館日が変更になる場合がある。詳しくはHPの開館カレンダーで確認）
開 館 時 間：9時30分から16時30分
入　館　料：無料
アクセス：鉄道バス利用：近鉄奈良線東生駒駅下車徒歩約15分。東生駒駅から帝
　塚山大学行きバス、もしくは帝塚山住宅行きバスで東生駒一丁目東下車徒歩2分。
　車利用：阪奈道路富雄ICから県道702号を下り西へすぐ。
```

> 当館は瓦にこだわっています。瓦には国や時代の個性が溢れています。日本では珍しい、東アジア三千年の瓦の歴史がわかる展示をぜひご覧ください。

Message メッセージ

18 生駒ふるさとミュージアム

北和

18 生駒ふるさとミュージアム　主な展示 ↓ 歴史・考古・民俗〔地域〕

⦿Summary 概要

　ミュージアムは1933年に建設された旧生駒町役場の建物で、役場の移転にともないその後、中央公民館などとして使用されていたが、2010年に国の登録有形文化財となり、現在は郷土の資料館としての役割を担っている。建物は独特の入母屋造で壁は腕木によって持ち出し、天井は井桁状に組んでいる。入母屋破風や妻飾に伝統的意匠がみられ、近代和風の官庁建築の一例といえる。

　展示室は役場時代の議場を「生駒の歴史と民俗」として、地域の文化遺産のガイダンスを含めた主要な陳列がされている。生駒の地は修験の祖である役行者や、菩薩道を実践した大僧正行基などの縁の地であり、生駒谷を中心に古代の集落・窯業・墳墓・信仰などに関わる遺跡も少なくない。

慶応4年一揆の傘形連判状 ▷

▷ 館内展示風景

↘Deep 詳しい解説

古代の須恵器や瓦の生産地　展示は市内各所から出土した考古資料や、市内に残された古文書・絵画・民具などをレイアウトした解説的な内容で、地域の歴史が理解できるように配慮されている。当地では特に古代の窯業に関わる考古資料が特徴で、生駒周辺に集中して営まれた須恵器窯や、瓦窯からのなどの出土品が数多くある。生駒古窯跡群生駒地区にある、奈良時代の金比羅窯からは出土した須恵器杯、皿、壺、甕などからなる一括資料が得られ、そのなかの1点に平城宮を指す「宮」の文字をヘラで線刻した杯蓋があり、窯の管理や製品の供給先を示唆する遺物として注目できる。また古墳時代から鎌倉時代の西畑遺跡では、大型掘立柱建物を含む建築遺構が多数検出され、輸入された白磁など陶磁器や石製銙帯なども出土している。大和と河内を結ぶ交通の要衝に位置していることから、官衙的な性格をもつ遺跡と考えられている。ほかに考古資料としては、かつて内行花文鏡や石釧などが出土した前期に遡る前方後円墳の竹林寺古墳の円筒や家形埴輪のほか、萩原遺跡から出土した弥生土器、石庖丁、石鏃などがある。このほか幕末の慶応4年（1868）に当地で起きた生駒一揆と呼ばれる騒動のなかで、7か村の惣代らが作成した嘆願書で

◁ 生駒山北方窯跡

△ 金比羅窯出土の須恵器

あも珍しい令形逋判状などの史料も残されており、これらの出土品や史料は特別展などの機会に展示するなどして活用されている。

☆Memo メモ

地域に根ざしたミュージアム　これまでの企画展や特別展では「魅力発見！生駒の神さま、仏さま―お寺と神社の文化財―」、「古記録に記された中世の生駒」「異界をのぞいてみよう」など地域の歴史や民俗を取り上げた内容のテーマで開催されていて、地域に密着したミュージアムとしての印象を強く受ける。

ミュージアムには展示室以外に土笛や勾玉つくりなどの体験学習ができる作業体験室のほか、地域の歴史文化に関わる書籍や映像資料などを利用できる郷土情報室や資料閲覧室などが用意されている。

18　生駒ふるさとミュージアム

⊃Information 基本情報

名　　　称：生駒ふるさとミュージアム
開　館　年：2014年
住　　　所：〒630-0252 生駒市山崎町11番7号
電　　　話：0743-71-7751
Ｈ　　　Ｐ：http://ikoma-museum.jp
休　館　日：月曜日（祝日除く）、12月27日～1月5日
開館時間：4～10月、9時から18時（入館は17時30分まで）。
　11～3月、9時から17時（入館は16時30分まで）。
入　　　料：常設展は無料（企画展・特別展は有料）。
アクセス：鉄道利用：近鉄生駒駅南口から近鉄奈良線に沿って東へ約400m東新町交差点を南折し約800m。車利用：第二阪奈道壱分ランプIC から国道168号を約2km、山崎町の交差点で左折し県道104号を約300m。敷地駐車場（身障者用を含む4台）・西側の竜田川対岸（10台）。

> 特別展や企画展のほか、季節に応じたイベントも随時開催しております。木造の建物が放つ独特の雰囲気のなかで、生駒の歴史や文化にふれてみませんか。

Message メッセージ

◁ 生駒ふるさとミュージアム

19 柳沢文庫

⦿Summary 概要

柳沢文庫は筒井順慶の築造後、豊臣秀長によって整備された郡山城の維持・管理と、柳澤家より寄贈された古文書を中心とした藩政史料をはじめ、柳澤家歴代藩主の書画などの文芸作品や調度品などの美術工芸品を含めた文化財を、後世に保存・継承するとともに、公開の責務も果たすことを目的として設立・運営されている。

◤Deep 詳しい解説

年録や日記からわかる藩政の動向　収蔵史料の中核をなす古文書史料には柳澤家の系譜史料が挙げられ、清和源氏の流れを汲む甲斐武田家の末裔であることを示した、武田家家紋の花菱を巻頭に飾った紙本墨書巻子装「清和源氏武田流甲斐国主系図」がある。また幕府を挙げて系図編纂が行われた文化年間の「寛政重修諸家譜 柳澤系譜」のほか、「万歳集」などの過去帳が残されている。藩政記録、書状、日記、藩主事績なども数多い。藩主の公用記録は年録として残されており、柳澤吉里の「福寿堂年録」、信鴻の「幽蘭台年録」、保光の「虚白堂年録」などが該当する。「楽只堂年録」は焼失して欠落した事項を荻生徂徠に命じて復元し、先代を継ぎ吉里に家督を譲るまでの柳澤吉保の日記でもある。郡山藩最後の藩主である保申の生涯の事績を記した「正三位保申公御履歴」からは、幕末から維新前後の郡山藩側からみた幕府や朝廷との関係や動向の詳細が窺えて興味

▷清和源氏武田流甲斐国主系図

深い史料である。ほかに吉保が加増を受けた「徳川綱吉領知宛行朱印状」、吉里の改替を示す「徳川吉宗領知宛行朱印状」や「領知目録」などがある。書状には武田家と高野山成慶院との関係が推察できる信玄の手紙や、同じく武運長久の祈祷を成慶院に執り行ってもらったことに対する武田勝頼の礼状など、武田家に関する書状も残されている。

　吉保と六義園　優れた歌人としても知られた吉保は、将軍綱吉より駒込（東京都）に下屋敷を拝領され、そこに『万葉集』や『古今和歌集』など和歌に詠まれた背景を再現した回遊式庭園を造営する。現在の六義園である。文庫には吉保が歌学方北村季吟から受け取った「古今集并歌書品々御伝受御書付」があり、その伝受血脈には藤原定家を祖とする和歌の家柄に繋がる系譜が記されている。自詠の歌を集めた「保山公御詠歌御手鑑」をはじめ、吉里の私家集「積玉和歌集」など和歌に関する史料も数多い。なお六義園に関する和歌として、吉保の「六義園十二境」と吉里の「六義園八景」がある。因みに六義園の絵図としては、園を含めた下屋敷の平面図である水木家旧蔵「六義園の図」があり、堀と土塁に囲まれた広大な屋敷地に建つ御殿や、

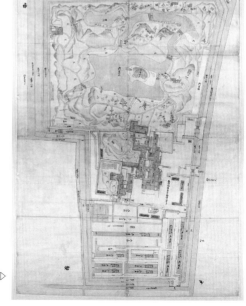

六義園の図（水木家旧蔵）▷

家臣の住まいである長屋建物などが詳細に描かれており、屋敷の構造と全容を知ることができる。また絹本着色三巻からなる「六義園の図」は、狩野常信らによる庭園の風景図で、和歌に因んだ名所「新玉松」、「久護山」、「峯花園」、「吟花亭」などが描かれている。

絵画や調度品の数々　図画・絵図・書籍類では文芸に秀でた柳澤信鴻の「牡丹錦鶏図」や、「山水図」などの作品がある。近年初公開された渡邊守遂筆の掛幅画「武田二十四将図」や、柳澤吉里による同じく「武田二十四将図」は柳澤家の系譜を強く意識した作品で、徳川家康とその家臣20名を描いた守遂「徳川二十将図」も併せて公開された。ほかに徳川綱吉御筆で吉保邸へ御成りの際に拝領された「桜馬図」が現存する。絵図には徳川家宣が甲府城主であった際に作成した甲斐国絵図控の「甲斐国絵図」や、「甲斐国府中城曲輪絵図」、「和州郡山藩家中図」、「町割図鍛冶町」などがあり、城内の曲輪や城下の屋敷地が詳しく記載されている。

調度品や日用品などには吉里愛用の人物を浮き彫りにした船形の硯一面や、吉保の四十の算賀に際して、将軍綱吉から贈られた桑製の鳩形の握りが付いた杖も収蔵する。

（写真5点○公益財団法人・郡山城史跡・柳沢文庫保存会所蔵）

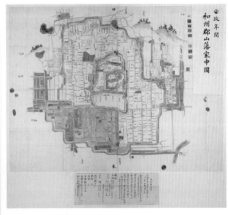

△ 和州郡山藩家中図

◁ 武田二十四将図（柳澤吉里画）

文庫では研究のために蔵書を公開しているほか、企画展と特別展合せて年3回の展覧会を開催している。また近世史や郡山藩・柳澤家歴代藩主に関した「柳沢文庫歴史塾」として一般市民向けの歴史講座を開講している。

✦ Academic 学術

調査と整備が進む郡山城　文庫が所在する郡山城に触れておこう。本城は1960年に本丸と文庫が建つ毘沙門曲輪などが奈良県史跡に指定され、その後追手門や追手東隅櫓などを復元して整備が進められている。2013年には現存する天守台の発掘調査が初めて実施された結果、豊臣期の初層7間×8間で、5層の規模が想定される天守台と付櫓台を備えた複合式の天守が建設されていたことが明らかとなった。現在天守台展望施設が完成し公開されている。文庫の観覧と併せて見学するのもよい。

➲ Information 基本情報

名　　　称	公益財団法人 郡山城史跡・柳沢文庫保存会　柳沢文庫
開　館　年	1961年
住　　　所	〒639-1011 大和郡山市城内町2-18
電　　　話	0743-58-2171
Ｈ　　　Ｐ	http://www.mahoroba.ne.jp/~yngbunko/
休　館　日	毎週月曜・第4火曜日（祝日の場合は開館）。お盆・年末年始・展示替え期間（詳細はHPの開館カレンダー参照）
開館時間	9時から17時（入館は16時30分まで）
入　館　料	一般300円（200円）、学生（高校生以上）200円（100円）。＊（　）は20名以上の団体料金。中学生以下・障がい者手帳を持参の方は無料。閲覧室のみご利用の場合は無料。
アクセス	鉄道利用：JR関西本線郡山駅より徒歩約20分。近鉄橿原線郡山駅より徒歩約10分。

◁ 柳沢文庫

当財団の入り口に建つ車寄せなどは、1920年代に柳澤伯爵邸から移築した建物です。在りし日の郡山城を思い起こさせる再編建築物と共にお楽しみください。

Message メッセージ

20 奈良県立民俗博物館

⦿Summary 概要

　先人が日常生活のなかで生み出し、工夫や改良を重ねて伝えてきた民俗文化財を通して、奈良県の生活文化の歴史が学べる博物館として開館した。常設展示は大和の生業を基調として、単位テーマが設定されている。奈良県は地勢環境からみて、北西部に位置している奈良盆地と、北東部に広がる都祁から宇陀に広がる大和高原地域、および県南部である紀伊半島の険しい山間部を占める吉野山地に分けられる。そこに生きる人々も、それぞれの環境下にあって様々な特色ある生業を営んできた。展示は生業のなかでも特に稲作、茶業、林業をその代表として取り上げ、それぞれの作業や工程などの特徴について、伝統的に地域で培われてきた仕事の様子が理解できるように展示構成している。

◤Deep 詳しい解説

　盆地のくらしと高原のくらし　奈良盆地は沖積地が広く占める平坦な地形に恵まれる地域ではあったが、古くから灌漑や排水に関わる問題も抱え、良い水耕稲作環境を維持するための弛まぬ努力の跡が窺える。春の田や苗代ごしらえ・田植え、夏の除草や管理、秋の収穫と脱穀、冬の藁仕事など年間を通した一連の農作業の様子について、カラスキ、千石トオシ、槌の子など具体的な民俗資料を展示して紹介する。

稲作の開墾・耕作具 ▷
（奈良県指定有形民俗文化財
「奈良県の牛耕用具」）

▷大和高原の茶業の展示

20 奈良県立民俗博物館　主な展示 ↓ 歴史・民俗（総合）

　東山中とも呼ばれる大和高原では、発祥が室町時代に遡るとされる茶業を地域の代表的な地場産業として展示構成する。茶の製造は摘子（つみこ）による茶摘みから、焙炉師（ほいろし）による茶蒸しや茶揉み、さらに茶の選別、製品の保管の段階を踏む。茶蒸し釜や焙炉のほか、茶壺などの茶業生産資料が展示され、茶の摘み取りから製茶までの工程が紹介されている。ここでは茶栽培の地域で生まれた、茶粥を食べる習慣についても解説する。

　吉野の林業　吉野は「吉野杉」として夙に名高い杉や、桧の造林によって形成された美林として、全国的にも知れわたっている。壮年期の山深い地勢環境のなかで培われた林業は、農耕地帯とは大きく異なる独特の生活文化を育んできた。吉野の林業は近世の建築用材の需要拡大が転機となって、いち早く自然林の活用から、人工林の育成へと大きく変容した。さらに明治政府による森林法の制度に基づき治山・植林が奨励され、林業振興の強化が進められた背景があった。この吉野の林業の展示も実取り・育苗から、伐採・搬出・加工までの工程ごとに順を追って紹介している。カルコや一本梯子など実

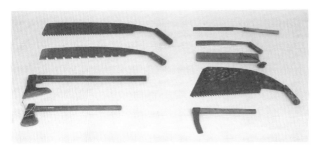

△林業・山仕事の道具類（重要有形民俗文化財「吉野林業：林産加工用具」のうち）

取りのための木登り具や、苗を植えつける地あげに使われるトグワなど様々な道具類が展示されている。鎌やヨキを使った下刈りや枝打ちのほか、間伐などは育苗期の重要な作業で、主に山守と呼ばれる管理者が実際の作業を統括する。良材として育った杉や桧は80年前後で、ヨキやノコギリを使って皆伐される。その際木皮はマワシガマやカワムキで剥がされ、屋根葺き材などに用いられる。伐採された木材は木馬や修羅によって山から集積地の土場に降ろされ、そこで筏を組んで水運を使い筏師によって運ぶ、出荷までの工程が辿れる。なお本館が所有する吉野林業用具と樽丸などの製作に関わる林産加工用具は、2007年に国の重要有形民俗文化財に指定されている。

　平成25年からは一部の展示をリニューアルして常設展「昔のくらし」を新設。大正～昭和期の家の中をイメージした再現展示や道具の移り変わりを見る展示、子どものおもちゃや勉強道具が並ぶスペースに加え、さわったり身につけたりできる体験コーナーも設置して、秋から冬にかけて県内各地から訪れる小学校の団体見学でも活用されている。「昔のくらし」のなかの黒電話や氷冷蔵庫、湯たんぽなど、展示室に並ぶのはほんの少し前まで当たり前に使われていた物ばかりである。しかし、急速に変化する時代の中で生み出された先人たちの知恵や工夫を今に伝える重要な歴史資料でもある。

▷大和民俗公園に移築された民家

（写真5点○奈良県立民俗博物館提供）

20 奈良県立民俗博物館

A Memo メモ

大和の伝統的家屋めぐり　民俗博物館は、矢田丘陵東麓の自然林が広がる約26haの敷地を占める奈良県立大和民俗公園の一角に位置している。現在民俗公園には重要文化財3棟、県指定有形文化財10棟を含む、奈良県内でも地域の特徴をもつ伝統的な家屋15棟が移築されている。高取城下や大和高田の町家住宅、奈良盆地内の国中集落の農家住宅、都祁・宇陀地域の山間部農家住宅や、林業が盛んな吉野地域の住宅などで、外観だけでなくいずれも地域の環境に適った構造や間取りの特徴をもっている。どの住宅も開放されていて内部を見学することができ、昔ながらの民家の居心地を味わえるツアーとして楽しめる。

◯Information 基本情報

名　　称：奈良県立民俗博物館
開　館　年：1974年
住　　所：〒639-1058 大和郡山市矢田町545
電　　話：0743-53-3171
H　　P：http://www.pref.nara.jp/1508.htm
休　館　日：月曜（祝日・振替休日のときは次の平日）、年末年始（12月28日〜1月4日）
開館時間：9時〜17時（入館は16時30分まで）
入　館　料：大人200円（150円）、大学生など150円（100円）。
　*（ ）は20名以上の団体料金、高・中・小学生は無料。65歳以上、障がい者と介助者1名まで無料（年齢がわかる免許証・健康保険証等、障がい者手帳を提示）。
アクセス：鉄道バス利用：近鉄橿原線郡山駅下車、奈良交通バス1番のりば矢田東山下車、北へ徒歩約10分。車利用：阪奈道路三碓ICから黒谷橋東詰左折、枚方大和郡山線を南進、外川右折、奈良高専越えて右折すぐ。第二阪奈道路中町ランプから砂茶屋橋東詰右折、枚方大和郡山線を南進、以下上記に同じ。西名阪道路法隆寺ICから大和高田斑鳩線北進、法隆寺東右折、国道25号東進、今国府町左折、田中町北左折直進。奈良高専超えて右折すぐ。施設駐車場有。

常設展以外にも「大和万歳資料」、「奈良の瓦作り用具」、「大和郡山の金魚関係資料」、「大和木綿関係資料」など充実したコレクションを所蔵。

Message メッセージ

◁ 奈良県立民俗博物館

21 シャープミュージアム

⦿Summary 概要

　天理市内にある大手電機メーカー、シャープの総合開発センター内に開設されている企業ミュージアム。大正元年（1912）に創業したシャープは以来、社名の由来になったシャープペンシルの発明をかわきりに、その後は太陽光発電や液晶などに代表される家電に応用できる幾多の技術研究を促進し、主にわが国の電化製品の開発・製造を牽引してきた。ミュージアムはシャープが関わったこれらの技術を、開発の背景や技術のしくみ、さらに技術の応用なども交えて、一般の来館者にもわかりやすい展示と、解説員による説明も含めたサービスで運営している。

↘Deep 詳しい解説

科学技術史上の足跡　ミュージアムは、歴史館と技術館のふたつのエリアで構成されている。歴史館ではまず、企業としての原点であるシャープの創業当時を振り返り、世に知れたシャープペンシルのほか、創業者が発明したベルトのバックル徳尾錠(とくびじょう)などが展示されている。さらにその後に開発され、重要科学技術史資料として登録された国産第1号テレビや、世界に先駆けて開発された製品として名を馳せた、オールトランジスタダイオードを使った電卓などの画期的な製品によって、技術的発展を遂げてきた足跡を辿るかたちで

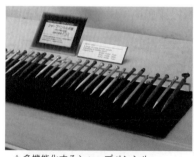
△多機能化するシャープペンシル

国産第1号白黒テレビ▷

展示が組み立てられている。

時代の要請に応える技術開発　技術館では、電機メーカーとして1世紀を超えて歩んできたなか、それぞれの時代の要請や課題を背景に、様々な新技術の開発に取り組んだ成果が紹介されている。地球環境の保全が世界的問題とされ始める以前から、環境への過剰な負荷を克服するため太陽光発電技術という課題に取り組んだ。太陽電池の研究を推し進めた成果である宇宙用太陽電池と、これを搭載した人工衛星の実物大模型、さらに災害時の教訓から開発されたソーラー充電スタンドなど、実用例を観察しながら再生可能エネルギーについて解説する。同じく環境保全の課題を克服する技術分野に、製品素材や資源再生と省エネルギーがあるが、家電製品に使用されるプラスチックのリサイクル技術開発、独自に開発した、クリーンで安全な廃液浄化システムなど、先進的な研究と汎用への取り組みが紹介されている。

健康や衛生に関係する技術開発としては、私たちがくらす日常の周辺に蔓延する黴やウイルスなどの抗菌・除菌対策に効果的な研究が進められた。この研究から生まれた浮遊ウイルスを抑制するプラズマクラスター技術の応用例や、国内外の公的機関による除菌効果実証例の数々、さらにCGを使った解説を通して、自然の摂理を利用した除菌の原理を詳しく学べる。また固体と液体の両方の性質を利用して、画像を表示する液晶ディスプレイのしくみと極微な製造の過程を観察することができる。

21 シャープミュージアム　主な展示 ↓ 技術・歴史（近現代）

◁ 太陽光発電技術の開発（右）液晶パネルの製造過程（左）

◁ ネイチャーテクノロジーの展示

✦Academic 学術

環境適応した生物に学ぶ　最後に家電に関わる様々な技術開発のヒントが、実は自然界の生物にあるとする創業者の理念が紹介されている。ネイチャーテクノロジーと称して、自然界に適応してきた生物の形状や動作を研究することで、製品の開発・改良に繋げようとする視点であろう。その発想から生まれた具体的な研究成果の数々を見ることができる。

奈良県では数少ない企業ミュージアムのひとつであるが、電機メーカーとしての製品開発の歩みに留まらず、時代の変化と技術開発の方向性が関連付けて学べる展示構成に、技術革新を進めてきた企業としての主張が表れている。

(写真5点○シャープミュージアム提供)

○Information 基本情報

```
名    称：シャープミュージアム
開 館 年：1981年
住    所：〒632-8567 天理市櫟本町2613-1 シャープ総合開発センター内
電    話：0743-65-0011
Ｈ    Ｐ：http://www.sharp.co.jp/corporate/showroom/tenri/
休 館 日：土・日・祝日及び会社休日
開館時間：9時30分から16時30分(入館は16時まで)。
          事前に電話で空き状況を確認後、要予約。
入 館 料：1,000円(20人以上の団体の場合は800円)、65歳以上(800円)、小中学生
          (300円)。＊障がい者手帳をお持ちの方は無料(介添いの方500円)。
アクセス：鉄道バス利用：JR桜井線天理駅・近鉄天理線天理駅下車、奈良交通バ
          スでシャープ総合開発センター行き下車すぐ。車利用：西名阪自動車道天理IC
          (国道169号天理市石上町天理インターチェンジ交差点)下り東へ約600m左折、道なり
          に約500m。施設駐車場(無料)有。
```

> 隣接する東大寺山古墳群を背景に、遥か古墳時代から1500年の時を経て現代につながる歴史とサイエンスのタイムスリップをお楽しみください。

Message メッセージ

22 天理参考館

⊙Summary 概要

　本館は、天理外国語学校（現天理大学）のなかに中国の民族資料を収蔵し、海外事情参考品室として活動したことにはじまる。これは創設者である中山正善の海外布教へ向けて、布教先の言語の習得はもとより、当地の文化を生み出した人々の心を、それぞれの地域の文物を通して理解する必要があるという発意に基づいている。2001年に現在地に移転し、管理・収蔵部門を整備するとともに、展示内容も一新した。収蔵資料は日本の考古民俗資料、交通資料、世界の考古美術および民族資料など多岐に及ぶ。エントランスホール床面には、寛政年間に北山寒巖によって書写された「和蘭考成万国地理全図照写」の陶板世界図が設置されていて、世界に勃興したさまざまな文化の理解を射程とした館の理念を表している。

🏴Deep 詳しい解説

　アジアを中心とした民族文化　展示室は1階が「世界の生活文化」をテーマとし、豊富な民族資料を展示するが、内容が充実し学術的にも高く評価されている資料のいくつかを紹介する。北方民族のアイヌの人々が、主に民族祭祀に用いた装身具、衣服、酒箸などの道具類が揃い、どれも伝統的な生活の知恵から生み出された特色ある資料といえる。

　朝鮮半島の伝統的文化の底流には儒教思想に基づいた考えがあり、厳格な男女の行動規範や役割が反映した生活道具や、農村社会に見られる民族行事など、暮らしのなかにも色濃く現れている。展示されている朝鮮王朝時代の劇で使われたパガジと呼ばれるヒョウタンの仮面や楽器などは、仮面劇としては珍しい現実の人々の世界を演じるもので、風刺劇の面白さを彷彿させる。中国・台湾資料も特色ある内容をもつ。人々が幸福や長寿をどのように願ったのか、

◁▽指人形劇布袋戯の人形（布袋偶）と舞台（牌楼）

　中華圏で伝えられる人形や玩具などで紹介する。傀儡偶、布袋偶、皮影偶と称される人形はそれぞれ糸操り人形、指人形、影絵人形の芝居で用いられ、結婚や出産など様々な祝い事や祈願に際して演じられた。福禄寿を願う伝統の姿を垣間見ることができる。北京の崇文門通りの店舗に掲げられた幌子と呼ばれる看板類は、ひと昔前の北京の街の様子を思い起こさせる。蝋燭屋、刃物屋、目薬屋、酒屋などどれも販売商品の模型や絵などを看板にしたもので、一目でわかるように工夫が凝らされ、昔を懐かしむ中国人来館者には特に人気がある。10のグループが存在する台湾先住民族のなかでも南部山地に暮らすパイワン族は、百歩蛇という毒蛇を神聖な生き物として敬い、建物の装飾や織物などに意匠として使われる。また女性の手になる手織布は、独特の味わいがあり、仕立てられた衣服がシチヌナンと呼ばれる機織り具とともに展示されている。

　インドネシアのバリ島に住む人々の大半は、土着の精霊崇拝にヒンズー教の慣習が融合したバリ・ヒンズー教を信仰する。そこでは神鳥にまたがる神像のような、バリ独特の造形が生み出された。草木染め糸を用いた儀礼用織物は、独自の機織り技術による経緯絣(たてよこがすり)の神聖な布とされる。ココナッツおろし器や水甕など伝統的な生活道具類は、外の世界から隔離された素朴で純正な暮らしを彷彿させ

◁ 精霊像(パプアニューギニア)

る。パプアニューギニアでも、外界との接触を避けた独自の文化があり、人々は自然と共生するなかで、精霊の存在を意識し崇拝する文化を生みだした。展示された奇怪とも見える仮面や像は、人生の節目の儀式やハレの場で、精霊像や仮面を登場させ、超自然の力を期待するのに必要とされたのだろう。

アジアの海と河川の展示では、台湾西部のテッパイと呼ぶ帆掛け筏、黄河上流のチベット族の羊皮の筏チュチャワ、台湾の離島に暮らすタオ族のタタラという漁船などの実物がならぶ。川は地域と地域を貫き、海はさらに広域に地域を繋ぎ、交流や文化の融合など、グローバルな社会形成にも寄与した。このほか1階では、熱帯雨林ボルネオの焼き畑農耕民の民族資料、インドのヒンズー社会の文化が生み出した多彩な芸術、グアテマラやメキシコの原始機で織られた民族衣装など特色ある文化が紹介されている。

移民と布教の歴史 2階は「移民と伝道」、「日本の庶民のくらし」、「くらしの中の交通」の展示で構成されている。「移民と

帆掛け筏テッパイ(台湾花蓮) ▷

伝道」では日本人が明治初年にハワイへ農業労働者として渡り、その後第2次大戦までにアメリカ本土、カナダ、ブラジルなどへ渡った移住者はおよそ60万人にも達した。渡航に必要な身分証明書や旅券のほか、大戦中に日本人が逮捕抑留された際の、収容所人名録や所内の日刊新聞など珍しい史料を展示する。19世紀末頃労働者不足が深刻だったブラジルでは、農場主と就労契約するかたちで日本からの農業労働者を数多く受け入れた。移民の中には天理教信者も多く含まれ、彼らが労働の合間に布教に努めたことを、当時の日常生活品、農作業道具類、布教関係の品々や、復元された開墾農家住居などから偲ぶことができる。

わが国の近世・近代のくらしと交通　「庶民のくらし」では、日本各地のくらしのなかの信仰を取り上げる。神仏祈願に際し奉納する絵馬には、人生の節目の無事や、病気の平癒や安産を願うものがあり、近世から近代の飾馬図絵馬や搾乳図小絵馬などが展示されている。娯楽や遊びにも信仰の祈りと関係するものが少なくなく、神社への参詣や名所旧跡への遊山のための近世の名所絵図、神々との交感や呪術行為に始まったともされる、神や人を象った雛人形、こけし、浄瑠璃人形や玩具なども充実する。地域の伝統的な衣食住やなりわいを扱う「むかしの道具エリア」には、髪結い道具や、酒徳利、通樽、炬燵、行灯、農具のほか、食初祝膳や誕生祝いに贈られたテンテラという肌着など、主に近世から近代の人々の生活が窺える資料が豊富に揃っている。

近世後期から現代までの旅や交通に関する展示資料からは、文化や世相など時代の背景をも見透せて興味深い。旅の持ち物には箱枕、道中提灯、磁石付き道中腰下げなどの携帯品のほか、関所手形や川越札など通行の必

◁獅子優塡王図小絵馬

慨品もあった。鉄道関連資料には明治6年の品川―横浜間鉄道仮開業の通達や、横浜・川崎間の創業当時のキップなどがあり充実している。

日本と朝鮮半島の考古の逸品　3階は世界各地の考古美術をテーマとした展示で、特に日本をはじめとした東アジアや、オリエントの考古資料は豊富で希少な資料も多く見ごたえがある。日本の考古資料では、縄文土器や土偶のほか骨角器など、東日本なかでも東北地方の縄文遺跡の出土品が多く、意匠的にも優れた亀形土製品や鼻曲がり土面など珍しい資料も数ある。弥生時代では福岡県須玖遺跡の銅矛や、伝徳島県吉野川流域出土の重要美術品流水文銅鐸など、弥生青銅器文化を象徴する優品が並ぶ。古墳時代の展示も豊富で、伝奈良県富雄丸山古墳出土と伝えられる重要美術品三角縁神獣鏡、島の山古墳の車輪石、栃木県雷電山古墳の石製模造品、群馬県出土の重要文化財の武人埴輪と盛装男子埴輪、宮崎県持田古墳の金銅製馬具などどれも古墳時代の一級品といえる。飛鳥時代では法隆寺や飛鳥寺などの屋瓦があるが、帯方郡や楽浪郡のほか、三国・統一新羅時代の朝鮮半島の瓦塼も併せて比較しながら見学ができる。瓦塼のなかでもひときわ華やかな宝相華文方塼の洗練された意匠は、統一新羅時代の芸術性の高さを映し出す。その朝鮮半島の考古資料には大陸文化の先進性が窺え、須恵器に繋がる陶質土器や新羅土器、金製耳飾りや馬具などの金属製品からは彼我の系統的な連絡が確かめられる。続く高麗時代

盛装男子埴輪（重要文化財）▷

◁ 饕餮文鼎

の青銅製水瓶や金銅製帯金具など洗練された造形や意匠の工芸品にも注目できる。

中華文明の精華を堪能　中国の考古資料は質量ともにとりわけ充実している。大河が形成した肥沃な大地で発展した中国文明の幕開けは、彩陶と黒陶に代表される新石器文化で、ヨハン・アンダーソン（1874〜1960）が評価した馬家窯（ばかよう）文化の洗練された陶工技術が映える。安陽殷墟出土の殷代後期の甲骨文字を刻んだ卜骨・卜甲は、当時の祭政一元的な政の実態を教えてくれる。殷周時代の儀式で重要な役割を担う容器や楽器として発達を遂げた青銅器は、重厚な質感と造形に加えて、饕餮文（とうてつもん）に代表される奇怪で繁辱な文様で埋め尽くされ圧倒的な存在感がある。この時期から春秋・戦国時代に至る玉器や武器にも優品が数あり、安陽出土とされる緑松石嵌入青銅内玉戈のような儀式用玉器や、青銅製装飾金具を備えた漆柄矛などの武器は製作技術の先進性を遺憾なく発揮した文物といえる。

漢代では墓室に納められた人物や動物のほか、楼閣風の建物や生活の中の様々な器物など、現世と違わぬ豊かな生活を願って製作された明器が揃う。その墓室の壁面を構成する画像石（がぞうせき）や画像塼（せん）は漢代を中心に発達し、人物や想像上の動物のほか奇怪な獣面などをモチーフとするほか、故事に因んだ場面や貴族の優雅な生活を題材としたものもある。特に北魏や唐代の画像石には、風俗図画像石のように優雅で巧みな描線で表現された必見の展示品がある。陶器は漢代に灰陶や紅陶ほか灰釉陶器も出現し、後漢以降の陶磁発展の基礎が培われる。青磁はその代表的なもので、展示品には神亭壺（しんていこ）や羊形青磁など初期の青磁にも優れた造形美が窺える。統一国家を成し遂

三彩連銭馬 ▷

北和

22 天理参考館

りた隋　唐代には新たな陶製明器の世界を実現し、釉薬や陶土の開発に加えて大型品製作の技術が向上し、三彩神将や三彩連銭馬などにみる華やかで躍動的造形を可能にした。中国古代の金属工芸のなかでも、銅鏡は戦国から漢代には一躍生産が盛んになる。前漢代とされる鍍金方格規矩四神鏡(ほうかくきくししんきょう)は、宇宙の秩序を表現し、十二支や子孫繁栄を願う銘文を刻む。また唐代の鍍金銀貼四禽唐草文八稜鏡(しきんからくさもんはちりょうきょう)や海獣葡萄鏡(かいじゅうぶどうきょう)などの精巧な仕上がりから、金属工芸が技術的頂点に達していたことが窺える。

遙かなオリエント世界との交流　西アジアやエジプトなど、オリエント世界の優れた文物の展示が鑑賞できるのも魅力である。幾何学文や鳥文で飾ったイラン出土の壺や鉢、イラク出土の楔形文字粘土板などメソポタミア文明の資料のほか、青銅器時代を経由してヒッタイトに始まる鉄器時代の資料など、造形や製作技術に独自性と先進性が表れている。ローマと対峙したパルティアが滅びササン朝ペルシャ（AD226〜651）が勃興すると、イランの特徴ある工芸品が生み出される。正倉院宝物の金銅製八曲長杯(はちきょくちょうはい)は、展示されているイラン出土の鍍金銀人物文八曲長杯にまでその系譜を辿ることができ、同じく宝物の白瑠璃碗(はくるりわん)に類似した切子ガラス碗な

鍍金銀人物文八曲長杯 ▷
（上：側面　下：底面）

◁ 館内展示風景

どは、ユーラシアを舞台にした東西交流のさまを実感させられる。

エジプト文明では供養碑やミイラ型彩画木棺など埋葬にともなう展示品から、死者との結びつきや当時の死生観を感じることができる。地中海沿岸地域ではギリシャ陶器やガラス器が目を惹くなか、ローマ帝国時代に東地中海で発明されたとされる吹きガラス製法によるガラス器は、その普及と各地への拡散を物語る貴重な資料である。

✦Academic 学術

3階の展示室の外のロビーには、天理市布留遺跡の出土品が展示されている。学史上も著名なこの遺跡は、これまで継続的に発掘調査が行われてきていて、特に縄文時代や古墳時代の考古的成果に注目できる。

（写真11点○天理大学附属天理参考館蔵）

⇨Information 基本情報

名　　称：天理大学附属天理参考館
住　　所：〒632-8540 天理市守目堂町250番地
電　　話：0743-63-8414
Ｈ　　Ｐ：https://www.sankokan.jp
開 館 年：1930年（2001年に新館オープン）
休 館 日：毎週火曜日（休日の場合は休日後の最も近い平日。ただし毎月25日～27日、4月17日～19日、7月26日～8月4日の期間は火曜日でも開館）、4月28日（創立記念日休館）、夏季休館、年末年始（詳細はHP参照）
開館時間：9時30分から16時30分（入館は16時まで）
入 館 料：大人400円、団体（20名以上）300円、小・中学生200円（小・中学校の学校教育での団体見学は事前申請で無料）。障がい者とその介護者各1名は無料（要障がい者手帳等の提示）。
アクセス：鉄道バス利用：JR桜井線天理駅・近鉄天理線天理駅下車徒歩約20分、天理駅から奈良交通バス「天理教本部前行」天理教本部前下車徒歩2分、「天理大学杣之内キャンパス行」（一部経由）天理大学下車徒歩約2分。車利用：西名阪自動車道天理インターより南へ約3km　守目堂交差点を東へ約700m、名阪国道天理東インターより南へ約3km　杣之内町交差点を西へ約500m、桜井方面から守目堂交差点を東へ約700m。施設駐車場有（入場・駐車が制限される期間あり）。

23 天理市立黒塚古墳展示館

⊙Summary 概要

　奈良盆地の東縁部に分布している大和古墳群は、初期大和王権の枢要を担った被葬者の奥津城とされる、古墳時代前期の巨大な規模の前方後円墳を中心に形成されている。この古墳群を構成するひとつ黒塚古墳は、1997年に発掘調査が行われた全長約130mの前方後円墳で、長大な石室とそこに納められた長さ6.2mのクワ材の木棺痕跡の発見とともに、銅鏡や鉄刀剣など多数の副葬品が出土して注目された。古墳は2001年に国の史跡に指定され、出土品は2004年一括して国の重要文化財に指定されている。

　本館はこの黒塚古墳に隣接して建てられ、古墳から出土した副葬品の精巧な複製や、石室の実物大模型などで詳しく紹介するとともに、大和古墳群の全体の概要も含めてを解説する施設である。施設のエントランスでは床に嵌め込まれた黒塚古墳周辺の広域航空写真が設置され、地形環境や大和古墳群を構成する各古墳の分布状況が俯瞰できる。また黒塚古墳の発掘調査から整備までの経緯や、発掘調査の詳しい内容も紹介されていて、黒塚古墳見学には欠かせない

◁ 黒塚古墳（空撮）

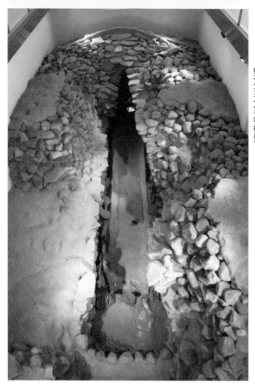

◁ 竪穴式石室の模型

遺跡ガイダンス施設である。

🔍 **Deep** 詳しい解説

迫力ある石室模型 館の中心的展示は黒塚古墳の埋葬施設として構築され、発掘調査の後に整備された竪穴式石室の模型である。南北の内法が長さ 8.3 m の巨大な竪穴式石室と、水銀朱が鮮やかな木棺を据えた粘土床からなる埋葬施設の構造や、各種副葬品の出土状態を忠実に復元している。川原石と扁平な板石を巧みに積み上げた石室は、周囲からだけでなく施設 2 階からも全容が観察でき、迫力と臨場感がある。石室内を詳しく見ると、木棺内の被葬者の頭部付近には、画文帯神獣鏡 1 面が置かれ、その左右には鉄刀と鉄剣が並べて副葬されている。石室内の側壁と木棺を据えた粘土床との隙間からは三角縁神獣鏡が、小口側から三角縁盤龍鏡が合わせて

33面と、多数の刀剣が配列されていた。石室は中世に発生した地震によって一部が崩壊したことが逆に幸いし、その後古墳が盗掘に遭うものの、棺に達しなかった模様で、副葬品などは被害を免れ、有力な前期古墳としては被葬者の埋葬状態や副葬品の配置などがわかる希有な事例といえる。なかでも三角縁神獣鏡がすべて、鏡面を被葬者に向けて照らすように、コの字形に配していることが確認され、初期大和王権の葬送儀礼に古代中国の神仙思想に基づいた行為が取り込まれていたと考えられている。

精巧な副葬品の複製　出土した副葬品は精巧な複製品が製作されて2階に展示されている。鉄製武器には鉄刀と鉄剣合わせて27口以上と、170本を超える鉄鏃があり、ほかに武具として多数の半小判形小札を革綴した冑が並べられている。鉄製品には農工具類があり、また茎を備え上半部が左右に開く独特のY字形をしたほぼ同形の鉄製品2点や、別にU字形鉄製品など、類例の知られていない副葬品がある。後者は用途が不明だが一種の威儀具の先端部に差し込まれた装飾品とも考えられる。後述する大量の銅鏡を副葬している一方で、多数の鉄剣などの武器や武人としての象徴ともいえる冑を納めていることから、強大な武力によって頭角を現した被葬者像が浮かぶ。

✦ Academic　学術

存在感ある画文帯神獣鏡と三角縁神獣鏡　黒塚古墳の副葬品のなかで最も注目されるのは、合計で34面出土した銅鏡だろう。内訳は「吾作明鏡自有紀□□公宜子」銘がある画文帯神獣鏡が1面と、三角縁神獣鏡（三角縁盤龍鏡含む）が33面である。画文帯神獣鏡は面径が13.5cmで三角縁神獣鏡よりかなり小型だが、四神と四獣や東王夫

◁ 精巧な銅鏡の複製品

と西王母などが表現された文様の繊細で精緻な出来映えは、鋳造技術の秀でた高さを示している。三角縁神獣鏡は神仙や霊獣などを表現するが、製作時期の下る三神三獣鏡を含まず、主体は銘帯や獣帯をもつ四神四獣鏡が占めている。「天王日月」の銘をもつ唐草文帯四神四獣鏡は、奈良県佐味田宝塚古墳や、京都府椿井大塚山古墳出土鏡など7面の同型鏡が知られている。三角縁神獣鏡はほかに神人龍虎画像鏡や銘帯三神五獣鏡などがある。出土した銅鏡の複製品が展示された脇には、銅と錫と鉛の合金である青銅によって、銅鏡を製作した鋳造工程が理解できるように、鏡の鋳型とともに、鋳バリや湯口が付いた鋳込んだままの状態の銅鏡複製品が展示されている。また複製された代表的な三角縁神獣鏡1面が展示台に置かれていて、錆化していない銅鏡の黄金の輝きや、およそ1kgの銅鏡の重さなどが実感できる。

(写真4点○天理市教育委員会提供)

○Information 基本情報

名　　　称	天理市立黒塚古墳展示館
開　館　年	2002年
住　　　所	〒632-0052 天理市柳本町1118番地2
電　　　話	0743-67-3210
Ｈ　　　Ｐ	http://www.city.tenri.nara.jp/shisetsu/kyouikubunkacommunity/kurodukakofuntenjikan/1395295232369.html
休　館　日	月曜日・祝日（月曜日が祝・休日の場合は翌日も休館）、年末年始（12月28日～翌年1月4日）。＊ゴールデンウィーク期間中は祝日も臨時開館。
開館時間	9時から17時
入　館　料	無料
アクセス	鉄道バス利用：JR桜井線柳本駅下車、東へ徒歩約5分。近鉄天理線天理駅からはJR桜井線へ乗換え、又は奈良交通バスで柳本下車、西へ徒歩約5分。車利用：国道169号柳本バス停西側のコンビニエンスストアの西側に施設駐車場有。

当館の鏡レプリカは出土直後の姿を忠実に写しており、各地の博物館から貸出依頼があるほか、専門の研究者が実物のかわりに見学に来ることもあります。

Message メッセージ
◁ 天理市立黒塚古墳展示館

24 法隆寺大宝蔵院

⊙Summary 概要

　法隆寺は大和川を望む矢田丘陵の南端にあり、厩戸皇子一族が居を構えた斑鳩宮が所在する付近の一角に、父用明天皇のために皇子が建立した寺院。当時斑鳩寺と呼ばれたこの寺院は、1939年の発掘調査によって確認された推古期の若草伽藍の遺構とみることができ、現存する法隆寺西院伽藍は天智9年（670）の斑鳩寺焼失後に再建されたと考えられる。それでも法隆寺には飛鳥時代の仏像をはじめとした、仏教関係の貴重な宝物が今日まで数多く伝世されている。

　大宝蔵院は、金堂と塔を中央に配置した法隆寺西院の中心伽藍から北東側に隣接する場所に所在する。本院は国宝綱封蔵の東にある大宝蔵殿にかつて安置・収蔵されていた寺伝来の仏像や宝物類を、新たな祈りの空間として、また良好な環境の下で保存するために建設された。中央に百済観音堂を置き東西に南北棟の宝蔵を配置する構造の建物である。

◥Deep 詳しい解説

飛鳥時代彫刻の粋　本院の主要な宝物を順に紹介しよう。中央の百済観音堂に安置された国宝木造観音菩薩立像（通称百済観音）は、飛鳥時代中期の著名な仏像であるが、痩身の体躯や独特の顔貌など孤高な印象を受ける像でもある。ただ金堂の国宝釈迦三尊像と比較

▷法隆寺境内図

すると、体躯の造形が立体的で自然、かつ天衣などの表現もより写実性を強めた印象があり、飛鳥時代初期仏像にみられる北魏の影響を受けた段階に比べて、後の北周や隋代の新たな仏教彫刻からの様式的な波及があったことを感じさせる。

西宝蔵にはどちらも国宝に指定されている観音菩薩立像と地蔵菩薩像が置かれ、前者は夢違観音の名で知られる蝋型鋳造の金銅仏である。三面頭飾を被りふっくらとした容貌や豊満な体躯を表し、左手に小壺を持つ姿の高い技術に裏打ちされた写実的な表現は、白鳳期の仏像の特徴を表す傑作のひとつといえる。後者はカヤ材を使った厚みある体躯の一木造の立像で重量感が感じられる地蔵菩薩ではあるが、下げた右手は与願印を結び錫杖は持たない。地蔵菩薩としては、古い平安時代初期の特徴をもつ優れた作である。なおこの菩薩像、もとは三輪の大神神社の神宮寺である大御輪寺の所蔵で、廃仏毀釈によって法隆寺へもたらされた来歴をもつ。

西宝蔵にはこの2躯の菩薩以外に、九面観音の名で知られる一木造の観音菩薩立像、六観音と通称される白鳳期の日光月光・文殊普賢・観音勢至の菩薩立像のほか、天平期の作とされる塑像吉祥天像や梵天・帝釈天立像などの重要文化財の諸仏が安置されている。また聖徳太子立像など太子に直接関わる宝物も展示されている。

玉虫厨子と伝橘夫人持仏及び厨子　西宝蔵のなかでもで見逃してならないのは、仏教工芸の名宝として知られる国宝玉虫厨子だろう。台座の上に仏殿をのせた構造の本厨子は高さが233cmの桧材を用いた仏具で、飛鳥時代の建築様式の特徴をもつ宮殿部と呼ぶ上部と、須弥座部とされる下部の2層からなり、錣葺屋根をもつ。宮殿部の屋根や組物の構造および外観などをみると、西院伽藍の金堂の建築様式よりも時期的に遡る特色が窺える。宮殿部の扉には神将像、菩薩像、霊鷲山図のほか仏と羅漢像、日月、天人、鳳凰図などが描かれ、須弥座部の羽目板には舎利供養図、捨身飼虎図、施身聞偈図、

(写真○法隆寺所蔵・写真提供／小学館)

24 法隆寺大宝蔵院

◁ 玉虫厨子

須弥山世界図とみられる釈迦生前の本生譚(ほんじょうたん)などを含む仏教説話に基づく絵画が描かれる。絵画の周囲や蓮弁部にはパルメットのほか龍頭や雲などの文様を描き、要所の部材には玉虫の翅が貼られた透彫の金銅製金具が使われていて、本厨子の名称ともなっている。推古天皇の御厨子と伝えられ、念持仏を納めるために製作されたものである。

東宝蔵には、玉虫厨子と並ぶもうひとつの厨子が納められている。藤原不比等の夫人である橘三千代の念持仏を納めた、国宝伝橘夫人持仏(でんたちばなふじんじぶつ)(阿弥陀三尊像)及び厨子である。厨子上部の宮殿部の屋蓋は金堂の天蓋に似た斗張型で、高さは玉虫厨子を30cmあまり上回る。宮殿部はもともと吹放しであったが、後に四方を観音開扉とする改造があり、8面の扉板には如来像、観音菩薩・勢至菩薩像、四天王や金剛力士像など描かれる。また須弥座部の隅柱間の羽目板には、正面の菩薩像をはじめ羅漢像、連山、僧形などが描かれ、初唐の絵画の様式に倣った表現の特徴が窺える。内蔵された念持仏とされるのは阿弥陀如来、観音菩薩、勢至菩薩の金銅阿弥陀三尊像で、それぞれが銅板製の蓮池から延びた蓮茎の上に乗る姿である。阿弥陀如来は頭部が大きく丸顔で頸に三道の表現はなく、印相は右が施無畏印(せむいいん)で左が与願印を結ぶ。3枚の銅板からなる後屏は天蓋をもつ化仏と菩薩、および天衣と蓮華が全面に浮彫され、極楽浄土を見事に描き出している。なお周縁に火焔で飾る網文と唐草文を透彫した阿弥陀如来の光背も、この後屏に取り付けられている。

百万塔も法隆寺の貴重な歴史資料である。百万塔は恵美押勝(えみおしかつ)乱後の治世のため、称徳天皇の発願で7年の歳月をかけて完成した高さ

20cm余りの小塔で、うち十万基が当時法隆寺に収められたとされる。現在纏まって存在するのは、法隆寺に伝来した4万6千基前後だけで、このうち100基が一万節塔や陀羅尼経と併せて重要文化財に指定され、その一部が展示されている。轆轤挽きで製作された塔身部と相輪部からなり、刳抜かれた塔内部にはその陀羅尼経が内蔵されている。

飛来する天人の壁画　東宝蔵には1949年に金堂壁画の大半が焼損した際、被災を免れた壁画のなかの内陣上部壁に描かれた重要文化財指定の飛天図20面が掲げられている。2人の天人が散華のための華盤を持って、天衣を翻して飛来する姿を描くもので、右方向に飛翔する図様は同じで同一の下絵が用いられたとされ、成熟した自然な表現は初唐の画法が強く影響している。

東宝蔵にはこのほかにも仏画を中心とした絵画、経典、仏具、荘厳具、舞楽面など舞楽・行道に関する器具類および、法隆寺境内から出土した考古資料や古建築の部材なども展示されている。本院では常設展示とはしていないが、ササン朝にデザイン化された連珠円文に、振り返って弓を引く独特の獅子狩図意匠を、左右上下対称に織込んだ国宝四騎獅子狩文錦（唐代）や、螺鈿装飾の蝶や唐草文様と、唐草文鋲金具をあしらった鷺脚がつく国宝黒漆螺鈿卓（平安時代）など世に知られた逸品も収蔵されている。

✦Academic　学術

世界遺産法隆寺の文化財　法隆寺には、西院伽藍の金堂の鞍作止利作本尊釈迦三尊像、薬師如来像、四天王像、天蓋の天人と鳳凰、大講堂の薬師三尊像、五重塔の塑像小群像が安置されている。東院伽藍の中心である夢殿にも国宝の救世観音像があり、時期を限って特別公開されている。これら中心伽藍をはじめ聖霊院や西円堂など、境内のほかの堂宇内にも貴重な仏教美術の数々が、信仰の対象として伝え継がれている。ここで紹介した大宝蔵院の宝物の見学と併せ

（写真○斑鳩町提供）

北和

24 法隆寺大宝蔵院

ご拝観をお勧めする。

　法隆寺を構成する飛鳥・奈良時代に遡る東西院の伽藍には、国宝・重要文化財に指定された建築史上極めて貴重な最古の木造建造物群が現存している。この世界文化遺産に登録されている「法隆寺地域の仏教建築物」は世界に類をみないもので、わが国の仏教史の幕開けを象徴するものとして、歴史的価値が高く評価されている。同時にこれらの建造物とともに、仏像や仏具などの仏教関連の各種文化財は、本邦の歴史・芸術史上かけがえのない遺産として、今日まで法灯とともに伝えられている。

○Information 基本情報

名　　称：聖徳宗総本山　法隆寺大宝蔵院
開　館　年：1998年（1941年に建設された大宝蔵殿の後身）
住　　所：〒636-0115 生駒郡斑鳩町法隆寺山内1-1
電　　話：0745-75-2555
Ｈ　　Ｐ：http://www.horyuji.or.jp/
休　館　日：無休
開 館 時 間：8時〜17時（2月22日〜11月3日）、8時〜16時30分（11月4日〜2月21日）
入　館　料：西院伽藍内・大宝蔵院・東院伽藍内共通拝観料金一般1,500円、小学生750円。30名以上団体料金一般1,200円、大学・高校生1,050円、中学生900円、小学生600円。（大宝蔵殿は別料金）。障がい者割引本人と介添者1名（車椅子は2名）一般750円、小学生370円。
アクセス：鉄道バス利用：JR関西線法隆寺駅から北へ徒歩約20分。JR法隆寺駅からバス法隆寺門前下車すぐ。車利用：国道25号斑鳩町法隆寺前交差点を北折れ約300m。施設駐車場と周辺民間駐車場有。

◁ 法隆寺遠景

25 斑鳩文化財センター

◉Summary 概要

　世界遺産法隆寺の西院伽藍から南西へ約400m、国史跡である藤ノ木古墳からは南東約200mの場所にある。町内の文化財に関する資料を収蔵・管理し、調査研究の成果を公開している施設。展示室には横穴式石室内と未盗掘の石棺が調査されて、古墳時代後期の巨大石室墳の埋葬方法や、夥しい数の豪華な副葬品の内容など、当時の有力な被葬者の送葬の実態が明らかにされた藤ノ木古墳について、余すことなく詳しく解説されていて、遺跡ミュージアムという側面も備えている。

◤Deep 詳しい解説

　藤ノ木古墳のすべて　藤ノ木古墳の出土品は2004年に一括して国宝に指定されているが、ここでは精巧に複製された銅鏡、大刀（把頭）、剣、金銅製冠、金銅製履、金属製の頸飾りやガラス製の腕飾りなどの装身具のほか、とりわけ注目された豪華な馬具の複製品も展示されていて、副葬品の全容が把握できる。展示室内には復原された石棺レプリカが置かれ、映像を石棺内部に映し出すことで、発掘調査当時の石棺の内部の発掘調査が疑似体験できる。映像ホールでも藤ノ木古墳の発掘調査成果が解説されていて、古墳の重要性や調査が古代史研究に与えた影響などが理解できる。

☆Memo メモ

　斑鳩の歴史を探る　センターでは数多くの指定文化財や重要遺跡を抱える町内所在の文化財について、映像などを交えて詳しく紹介されているほか、文化財保護や啓発のための歴史講演会やこども考古学教室など、文化財の講座も開催している。また毎年秋季に特別展を開催し、「斑鳩藤ノ木古墳の馬具展」や「斑鳩藤ノ木古墳の装身具展」など藤ノ木古墳に直接関わる展示だけでなく、「藤ノ木古

（写真2点○斑鳩町教育委員会提供）

◁ 藤ノ木古墳石棺レプリカと展示

25 斑鳩文化財センター 主な展示 ↓ 歴史・考古（古墳・飛鳥）

「と大和の横穴式石室」や「斑鳩古塔展」のような同時代や斑鳩の歴史に関する事跡などを様々な視点から考えるテーマなどを取り上げている。特別展とは別に「斑鳩の文化財展」、「法起寺の歴史をさぐる」、「法隆寺式軒瓦の登場」など地域の足元に所在する文化財を取り上げた企画展も随時開催している。

　斑鳩町では毎年春季と秋季に期間を限定して、藤ノ木古墳の横穴式石室を公開している。センターの見学と合わせて、石棺の安置された巨大な藤ノ木古墳の石室内に入り、古墳時代の黄泉の世界を体感するのもよいだろう。

⤴Information 基本情報

名　　　称：斑鳩町文化財活用センター
開　館　年：2010年
住　　　所：〒636-0114 斑鳩町法隆寺西1-11-14
電　　　話：0745-70-1200
Ｈ　　　Ｐ：http://www.town.ikaruga.nara.jp/0000000145.html
休　館　日：毎週水曜日と年末年始（12月28日〜翌1月4日）。
　（ただし、水曜日が休日にあたる場合は開館）。
開館時間：9時〜17時（入館は16時30分まで）
入　館　料：無料（特別展の開催期間中は有料の場合がある）
アクセス：鉄道バス利用：JR関西本線法隆寺駅よりNCバスで法隆寺門前下車 西へ徒歩約5分。JR関西本線王寺駅からまたは近鉄橿原線筒井駅から奈良交通バスで斑鳩町役場前下車 北へ徒歩約3分。車利用：国道25号斑鳩町役場前交差点から北へ約200m。施設駐車場有。

◁ 斑鳩文化センター

> 石棺内映像最後の涼しげな音が、復元された金銅製冠の歩揺を実際に揺らした音であることや、棺蓋裏のリアルな再現など、隠れたこだわりいっぱいの施設です。

Message メッセージ

26 安堵町歴史民俗資料館

⊙Summary 概要

　幕末に天誅組を支援し尊皇派として知られた医師の今村文吾(1808〜1864)、その甥で奈良県再設置運動を主導した今村勤三の邸宅を改修して町歴史民俗資料館として活用している。今村家より寄贈を受けた町は、母屋、表門、蔵、茶室、庭園などからなる旧邸宅の、母屋を展示室などに利用して、地元安堵町の歴史や伝統的な文化などを紹介・伝承している。

◥Deep 詳しい解説

　安堵の近代化への道程　今村家に関する展示では、特に幕末から明治初期の近代化が推し進められた揺籃期にあって、文吾をはじめとした同家の活躍や動静を、「今村勤三中山平八郎宛書簡」など遺された文書や書簡類を中心に詳しく紹介している。文吾と親交のあった勤王志士でもあり、皇陵選定にも熱心だった国学者伴林光平の筆になる「伴林光平筆屏風」なども展示されている。

　特別展では「大和川の水利」、「今村文吾と天誅組との関わり」、「安堵偉人展　荒男と憲吉〜時代を拓いた郷土の盟友〜」など地域の歴史や文化に関わるテーマを設けて企画されている。資料館では失われつつある、かつての伝統産業の技を知ってもらい、後世へ引き継がれていくことも考え、「灯芯ひき」や「わらぞうりつくり」の体験学習を実施しているほか、いぐさ刈り取りと、いぐさ干しという乾燥作業の見学会も企画するなど、地域に密着した資料館としての特色が発揮されている。

△今村勤三中山平八郎宛書簡

地域の産業や軽便鉄道の歴史　常設展示の民俗分野では衣食住、運搬、農耕などテーマにして、地域に暮らした人々の伝統的な生活の足跡を辿るように紹介されている。なかでも地域の伝統産業として伝え継がれてきたものに、和蝋燭に利用された灯芯の製造がある。素材のいぐさの表皮やズイを引き出して、灯芯を製作する技術や、当地の産業を支えた商売の有り様を知ることのできる資料などを展示する。また灯りと灯りの周辺の道具を通して、昔のくらしの中における照明にも関心を向けるよう工夫された展示となっている。

異色な展示として、明治末年に始まった天理教本部の大規模な普請に関わって、大阪湊町から奈良を経由して天理へ向かう路線の不便を解消すべく、1915年に法隆寺村（現斑鳩町）興留から丹波市町（現天理市）川原城間に新設された天理軽便鉄道を紹介している。時を経ずして新たな鉄道路線計画が興り、軽便鉄道は短

◁▷和蝋燭に利用された灯芯の製造と道具

▷ 館内展示風景

（写真6点○安堵町歴史民俗資料館所蔵）

期間で解散することになったが、安堵町はその路線上にあって、地域の交通機関として親しまれた時代があった。ここではレールカーなどの模型、ジオラマ、路線図などの関係資料を展示している。毎年2月にはレールカーを運行するイベントも開催している。

◯Information 基本情報

- **名　　称**：安堵町歴史民俗資料館
- **開 館 年**：1993 年
- **住　　所**：〒639-1061 生駒郡安堵町東安堵 1322
- **電　　話**：0743-57-5090
- **Ｈ　　Ｐ**：http://mus.ando-rekimin.jp/
- **休 館 日**：毎週火曜日（但し、火曜日が祝日ならば開館し、それに最も近い平日が、振替休館日となります）、年末年始（12月27日から1月5日まで）
- **開館時間**：9時から17時まで（入館は16時まで）
- **入 館 料**：大人 200 円（150 円）、大学・高校生 100 円（80 円）、小・中学生 50 円（30 円）。＊（　）は 30 名以上の団体料金。町内在住の満 65 歳以上、身体障がい者 1 級・2 級の方およびその付添いの方 1 名は無料。
- **アクセス**：鉄道バス利用：JR大和路線法隆寺駅下車安堵町コミュニティバスまたは奈良交通バス「かしの木台1丁目行き」で「農協前」下車 西へ100m、南への進入路を入る。徒歩3分。近鉄橿原線平端駅下車安堵町コミュニティバスで「農協前」下車後、上記と同じく徒歩3分。車利用：西名阪自動車道法隆寺ICより御幸橋から富雄川沿い北上、安富橋交差点を右折東進、安堵町役場より東約150m先の進入路を右折。大和まほろばスマートICより西名阪沿いに西へ約1km先交差点を右折、JAより西約70m先の進入路を左折。施設駐車場有。

> 県内でも小さな町の資料館ですが、かかわる歴史をテーマとして展示や講座、体験会を実施しています。懐かしいたたずまいを味わいながらご見学ください。

Message メッセージ

◁ 安堵町歴史民俗資料館

27 山添村歴史民俗資料館

◉Summary 概要

　山添村春日にある村内の文化財を保存・展示している資料館である。資料館は旧春日小学校当時の講堂として使われていた展示室と、併設する教室として使われていた文化伝習館からなっている。講堂は明治36年（1903）の建築で、入母屋の屋根や、正面の車寄せなど当時の和風建築の特徴を良くとどめていて、1985年に奈良県有形文化財に指定されている。資料館は1993年にオープンしたが、2013年にはオープン後に村内で実施された発掘調査によって出土した資料を加えリニューアルされ、展示内容を一部刷新して現在に至っている。

◥Deep 詳しい解説

教育や産業の歩みを辿る　展示室にはかつて教室で使用されていた机や椅子のほか、教科書なども陳列されていて、戦前の教育現場の様子を髣髴させてくれるとともに、教育内容の時代的変化も展示で追えるように構成している。また村内個人から寄贈された民俗資料も展示されていて、現在は大和茶として市場にでている茶業や、戦後の植林振興策で進められた林業のほか、地域の良質な竹材を利

◁ 館内展示風景

用した編物・籠類など村の産業の歴史に関わる内容である。また大和と伊賀地方の境界地域という地理的環境のなかで育まれた、山間地域の特徴ある生活や習俗などについても触れることができる。

縄文文化の記憶　この資料館の最も特徴ある見どころは、山村各地の遺跡から出土した考古資料の展示だろう。山添村は大和高原と呼ばれる奈良県北東部に広がる高原地帯東部の一角を占めているが、以前からこの地域には縄文時代の遺跡が数多く存在していることで知られていた。1957年に村内で初めて発掘調査が実施された大川遺跡は、近畿地方でも名の通った縄文時代早期の遺跡で、名張川がつくる左岸の段丘上に位置し、現在その主要な部分が奈良県の史跡に指定されている。遺跡から出土する押型文土器は、特徴ある器形と文様を備え大川式と命名され、近畿地方の早期の標式となる土器型式である。またそれよりもさらに遡る桐山和田遺跡は、木津川支流の布目川左岸に所在する遺跡で、縄文時代の幕開けを告げる草創期の遺跡で、この時期としては近畿地方でも最も充実した資料が得られ基準資料として学術的価値も極めて高い。資料館には大川遺跡出土の大川式土器をはじめ石鏃、磨石、石皿などからなる縄文時代早期の生活道具一式と、桐山和田遺跡出土の隆起線文土器と呼ばれる土器と、それにともなった狩猟具を中心とした石器など草創期の資料が展示されているほか、縄文時代中期から後期に集落を構えた広瀬遺跡の纏まった出土品などを通して、日本列島にお

（写真○山添村歴史民俗資料館保管／奈良県立橿原考古学研究所附属博物館所蔵）

◁ 大川式の縄文土器

いて縄文文化の始まり、さらにそれが定着していく様相が理解できるように展示されている。

✦Academic 学術

山中に眠る大寺院　村南部に位置する毛原集落には、奈良時代の寺院が建設されたことを偲ばせる礎石が、今も民家の庭先などに南門、中門、金堂の順に整然と残されていて山深い現地を訪れると感動を覚える。1926年に国の史跡に指定されている毛原廃寺である。礎石の巨大さからも南都の大寺にも匹敵する堂宇を構えていたことがわかるが、にもかかわらずこの寺院に関する文献史料はなく、謎の大寺院とされている所以である。その創建目的にはこの地域に置かれた東大寺所領の荘園、板蝿杣(いたばえのそま)の管理が関わったとする考えや、奈良時代の僧侶の統制や修行など当時の国家仏教を支える政策の一環として整備された施設とするなど諸説がある。毛原集落の下流約3kmの葛尾地区には、この寺院に供された瓦を生産した岩屋瓦窯も発掘調査によって確認されている。資料館にはこの寺院跡と瓦窯などの遺跡から出土した奈良時代の瓦が展示されている。先に記したように当地では南都の大寺院が杣地を経営していたことから、奈良から平安時代の炉跡や土坑などの遺構が発見された大西塚ノ本遺跡を、杣山の経営や管理を担う工房跡と見る向きもある。遺跡から出土した鞴羽口、砥石、鉄滓、鍛造剝片などの展示品は、杣山の作業に欠か

▷毛原廃寺跡（写真○著者撮影）

▷ 山添村歴史民俗資料館

(ほか写真2点○山添村歴史民俗資料館提供)

せない鍛冶や鉄加工の道具や作業の痕跡と捉えることもできる。

　規模の小さい資料館ではあるが、先史時代から地域が辿ってきた歴史や、伝統的な生業や民俗的特色を紹介する地域に根ざした施設で、山添村にとってかけがえのない文化遺産が凝縮された宝庫といってよい。

⇒Information 基本情報

名　　称：山添村歴史民俗資料館
開 館 年：1993年
住　　所：〒630-2343 山辺郡山添村大字春日1770番地
電　　話：0743-85-0250
休 館 日：毎週月曜日（月曜日が祝日の場合はその翌日）、祝日の翌日、毎年12月25日～1月5日
開館時間：9時から16時（観覧には事前予約が必要）
入 館 料：無料
アクセス：鉄道バス利用：JR・近鉄天理駅から国道山添行きバス、国道山添下車約2km。伊賀鉄道伊賀線上野市駅から国道山添行きバス、春日学園前下車すぐ。車利用：名阪国道山添IC下車名張方面へ約2km。(JR・近鉄天理駅から約30分、JR・近鉄奈良駅から約50分、近鉄名張駅から約30分)施設駐車場有。

> 山添村は縄文時代草創期の遺跡をはじめ、連綿と受け継がれる伝統行事など歴史・文化遺産が豊富です。当館で約1万5千年前の奇跡の文化をご堪能ください。

Message メッセージ

中和 ちゅうわ

☑ Characteristic 特徴

奈良県中部（令制大和国中部）。
橿原市、桜井市、明日香村、大和高田市、香芝市、葛城市などを含む地域。弥生から古代飛鳥時代の史跡も多く、継続的な遺跡調査研究の成果を公開している。ほかに、水平社博物館など、奈良の近世・近現代の個性的な博物館も。

🚶 Model 観光ルート例

定番！ 日本のまほろば、飛鳥めぐり

① 近鉄橿原神宮前駅 →(バス10分または自転車20分)→ ② 飛鳥資料館 **38** →(徒歩15分または自転車5分)→ ③ 明日香村埋蔵文化財展示室 **39** → ④ 水落遺跡 →(徒歩5分)→ ⑤ 飛鳥寺 → ⑥ 奈良県立万葉文化館 **37** →(隣接)→ ⑦ 酒船石遺跡 →(徒歩20分または自転車10分)→ ⑧ 石舞台古墳 →(バス15分または自転車25分)→ ⑨ 高松塚壁画館 **40** →(徒歩15分または自転車5分)→ ⑩ 近鉄飛鳥駅

遺跡めぐり！ 山之辺の道と遺跡を歩く

＊天理駅から柳本駅まで歩く前半のコースは1頁。

① JR柳本駅 →(徒歩10分)→ ② 行燈山古墳（崇神陵）→(徒歩10分)→ ③ 渋谷向山古墳（景行陵）→(徒歩15分)→ ④ 纒向遺跡 →(徒歩20分)→ ⑤ 箸墓古墳 →(徒歩15分)→ ⑥ 桜井市立埋蔵文化財センター **35** →(徒歩15分)→ ⑦ 大神神社 →(徒歩10分)→ ⑧ 喜多美術館 **36** →(徒歩7分)→ ⑨ JR三輪駅

足をのばして！ 橿原の自然科学を満喫

① 近鉄大和八木駅 →(バス30分)→ ② 橿原市昆虫館 **34** →(バス25分)→ ③ 橿原市立こども科学館 **30** →(徒歩15分)→ ④ 近鉄畝傍御陵前駅

＊所要時間は目安です。当日の交通状況・混雑等ご確認のうえ、余裕をもってお出かけください。

◻ Map 地図

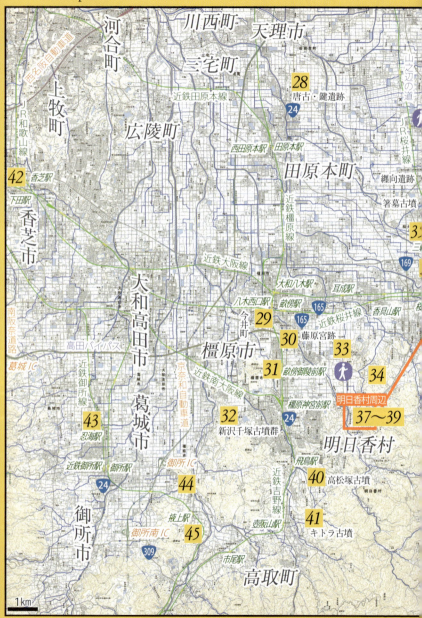

明日香村周辺

中和

- *28* 唐古・鍵考古学ミュージアム …………112
- *29* 華　甍…………………………………117
- *30* 橿原市立こども科学館 …………………121
- *31* 奈良県立橿原考古学研究所附属博物館 ‥124
  ＊2019年1月現在、施設改修のため休館中
- *32* 歴史に憩う橿原市博物館 ………………132
- *33* 奈良文化財研究所 藤原宮跡資料室 ……136
- *34* 橿原市昆虫館 ……………………………141
- *35* 桜井市立埋蔵文化財センター …………144
- *36* 喜多美術館 ………………………………149
- *37* 奈良県立万葉文化館 ……………………152
- *38* 飛鳥資料館 ………………………………156
- *39* 明日香村埋蔵文化財展示室 ……………161
- *40* 高松塚壁画館 ……………………………164
- *41* キトラ古墳壁画体験館 四神の館 ………167
- *42* 二上山博物館 ……………………………170
- *43* 葛城市歴史博物館 ………………………175
- *44* 水平社博物館 ……………………………180
- *45* 三光丸クスリ資料館 ……………………184
- *46* 宇陀市歴史文化館「薬の館」……………187
- *47* 大亀和尚民芸館 …………………………190

28 唐古・鍵考古学ミュージアム

◉Summary 概要

　唐古・鍵考古学ミュージアムは、弥生時代の遺跡として全国的に知られる唐古・鍵遺跡の発掘調査や出土品を展示した遺跡博物館である。2004年、遺跡の南約1.5kmにある田原町青垣生涯学習センター2階に設置された。

✦Academic 学術

弥生時代研究の基点　唐古・鍵遺跡は明治34年（1901）、高橋健自による報告で学界に知られるところとなり、その後末永雅雄らによる発掘調査を皮切りに、今日まで発掘調査が積み重ねられている。1943年に出版された『大和唐古弥生式遺跡の研究』に盛り込まれた発掘調査に基づく研究成果は、その後の弥生文化の研究の指針となるもので、戦後の考古学研究に大きな影響を与えた。遺跡は近年、集落の構造解明のための調査や、範囲確認調査などが進められた結果、弥生時代中期には東西、南北ともに約400ｍの範囲を有し、その周囲に環濠が繞らされた大規模な環濠集落であることがわかった。遺跡の中心部は1999年に国の史跡に指定された。

▷ 整備された史跡 唐古・鍵遺跡史跡公園

↖Deep 詳しい解説

解明される初期農耕文化　常設展示では、はじめに弥生文化の担い手である弥生人についての解説がある。弥生前期の木棺墓から出土した20代から30代の男性人骨は、160cmをやや超える身長で、頑丈な体格とされる。この弥生人の復顔が試みられていて、面長で、切れ長の目と細い眉、唇は薄めで耳朶は小さい顔に復元されている。

集落の消長については、弥生時代前期に微高地上で3つのエリアに分かれて出現した集落が、中期に至って拡大し多重にめぐる環濠を備えた大集落に変貌する。周辺河川の氾濫で環濠は埋没するが、後期には再び復興し、古墳時代にまで集落は存続し続けた変遷が明らかにされている。大規模な環濠や農耕水路などの掘削に用いられた木製鋤のほか、農耕に使用された木製平鍬や泥除けなどが出土していて土と格闘した弥生人の姿が浮かぶ。

弥生時代最大級の建物の発見　土木や農耕作業に関わる道具以外に、展示品にある斧の柄、容器、杓子、弓、梯子、自在鉤など様々な用途の木器がつくられた。このような木器の未完成品は、円形や長方形に穿たれた木器の貯蔵穴や、井戸や溝などの水溜まりを利用した貯木施設から出土しており、製品と未完成品の対比から木工技術が読み取れるように展示されている。こうした木工技術は、高度な建物の建造を可能にした。集落の西部と北西部の2個所の調査地からは、太いケヤキやヤマグワ材を用いた大型総柱建物が発見されていて、前者は独立棟持柱をもつ構造の建物、後者は床面積が約82㎡の規模をもち太さ約80cmの柱を用いたもので、いずれも弥生時代の建物としては最大級の建物である。

稲作の証拠を示す道具には、木製農具以外に穂摘み用の石庖丁や木庖丁のほか竪杵などもあるが、弥生時代の稲籾や稲束の現物も展示されている。マメ、ウリ、クルミ、トチノミ、モモなど、雑穀や堅果類なども多量に出土していて、コメを補完していた栽培植物の

中和

28 唐古・鍵考古学ミュージアム　主な展示 ↓ 考古（弥生）

利用実態も明らかにされている。

青銅器製造や機織りなど技術の解明　注目される展示品に、遺跡の東南の一角で製作が行われていた青銅器の関連遺物がある。発見された遺構は堅く焼き締まった炉の底だけであったが、出土品には銅塊、銅滓、鞴（ふいご）の送風管、溶解銅の取瓶（とりべ）などがある。同時に出土している石製の銅鐸鋳型のほか、青銅武器や銅鏡などの土製の各種鋳型外枠の発見は重要な意味があり、なかでも土製の銅鐸鋳型外枠の出現は、後期になり銅鐸が次第に大型化することに対処した製法上の技術革新とみることができる。大和の拠点的な弥生集落であった唐古・鍵遺跡における、青銅器の具体的な製造を解明した資料として、特に学術的に貴重な展示である。

日常の生活道具も豊富に展示されている。編物や織物などは弥生時代に入って技術的にも一層発展した。稲藁を利用した蓆などを編む木錘や槌、籠などを編む網針、布製品を作るための糸巻きや紡錘車のほか、緯打具（よこうちぐ）、布送具（ぬのおくりぐ）などの機織具や、縫針などもすでに出揃っている。展示されている麻布にみられる併糸（あわせいと）は機織り技術の高さを示したものである。

弥生時代には武器で殺害された埋葬人骨が発見されているが、唐古・鍵遺跡の出土品の中からも、弥生の戦いの様子が窺える。代表的な武器である石鏃や石剣は、十分な殺傷能力のある機能をもつもので、入念に製作されており研ぎ澄まされた刃は緊張した時期が存在したことを教えてくれる。ほかにも石戈、環状石斧、鞘入り石剣、木製盾などの武器・武具の展示品が並ぶ。

▷土製銅鐸鋳型外枠（右）　石製銅鐸鋳型（左）

▷記号土器
▷翡翠の勾玉を入れた褐鉄鉱容器

一方で実用品ではない出土品も少なくなく、そこからは弥生人の精神的な面を窺うことができる。祈りを捧げたり、願いを成就するために神に祈るまつりの場では、それに応じた道具が用意された。先に触れた銅鐸はその代表的なものだが、ほかにも吉凶の占いに利用されたとみられるイノシシやシカの肩甲骨の卜骨、神聖視されたシカや祭祀を司る人物などが描かれた絵画土器、水の恵みに関するまつりの場で使われたとする考えもある記号土器のほか、武器形の木製品や銅鐸形土製品など多彩である。

特筆すべき遺物として、翡翠の勾玉を入れた極めて珍しい褐鉄鉱容器が展示されている。北西域の居住地内を区画する溝から出土したもので、勾玉を入れた容器の口を土器片で塞いでいたという。この褐鉄鉱容器は中国最古の薬物書「神農本草経」で「禹余糧」、「太一余糧」、「余糧石」などと呼ばれた止瀉、止血の効能がある漢方薬で、容器内に入っている粘土塊を薬用としている。仮に中国の道教思想との関連があるとすれば、大陸との交流の証となる貴重な資料といえ、見逃せない展示品のひとつだろう。

☆Memo メモ

遺跡の整備　広大な面積を占める唐古・鍵遺跡は、2018年に史跡公園の整備が完了し一般に公開されている。その中心にある唐古池には、絵画土器を参考にして設計された、遺跡シンボルともいえる楼閣が復元され、隣接して弥生の建物広場や、大型建物跡の柱穴を

▷ 楼閣が描かれた絵画土器

(写真7点○田原本町教育委員会所蔵)

形取りして実寸大に再現した模型を展示した遺構展示情報館も設けられている。ミュージアムからはやや距離(北へ約1.5km)があるが、ほかにも弥生の林エリア、多重環濠エリア、生活体験広場などを備えており、ミュージアムと併せて見学されることをお薦めしたい。

⭕Information 基本情報

名　　　称	唐古・鍵考古学ミュージアム
開　館　年	2004年
住　　　所	〒636-0247 磯城郡田原本町阪手233-1 田原本青垣生涯学習センター2階
電　　　話	0744-34-7100
Ｈ　　　Ｐ	http://www.town.tawaramoto.nara.jp/karako_kagi/museum/index.html
休　館　日	毎週月曜日(月曜日が祝日の場合は開館し次の平日が休館)、年末年始(12月28日から1月4日)
開館時間	9時から17時(入館は16時30分まで)
入　館　料	大人200円、高校生・大学生等100円。＊団体(20人以上)は、大人150円、高校生・大学生等50円。15歳以下の者は無料。「身体障がい者手帳」、「療育手帳」等証明書または「精神障がい者保健福祉手帳」の提示者とその介助人1名は無料。特別展・企画展の観覧料は別料金。
アクセス	鉄道利用：近鉄橿原線田原本駅・近鉄田原本線西田原本駅下車東へ徒歩20分。車利用：国道24号田原本町阪手北交差点を東折し約400m。

「神秘的なヒスイ勾玉」、「弥生の楼閣絵画」、「鶏頭形土製品の造形」、「鞘入り石剣」など、重要文化財に指定された弥生の逸品が堪能できます。

Message メッセージ

◁ 館内展示風景

29 華甍

◉Summary 概要

　華甍(はないらか)は、国の重要伝統的建造物群保存地区に指定されていることで知られる橿原市今井町の、旧環濠の南東隅南側に位置する保存地区のガイダンスを兼ねた展示施設。本館は明治36年(1903)に高市郡教育博物館として、大正天皇の御成婚に際して畝傍御陵(うねびごりょう)参拝時に賜った御下賜金をもとに建設された建物で、その後改装・整備したものである。当初は数少ない社会教育施設としての役割を果たしていたが、その後1929年になり旧今井町役場として使われた。1956年合併による橿原市の誕生とともに、老人憩いの家など市の公共施設として使われていたが、今井町の文化財としての重要性が認識されるなか、町並み保存準備室としての利用を経て、現在は寺内町今井の歴史を学習できる施設として、観光の拠点となっている。

　建物は平屋建ての翼棟を左右対称に配置し、本館を2階建てとした明治建築の特色と風格を備えている。入母屋造の屋根の本館は正面に切妻造の張り出しを設け、唐破風の玄関を備える。2階の縁は雲斗栱(くもときょう)風の組物を設える一方で、2階の講堂などにはモダンな窓飾りや照明など洋風を取り入れるなど、外観と内装に折衷様式を思わせる斬新さも兼ね備えながら、白壁が効果的に大和風の建物としての特徴を整えている。1990年には県有形文化財に指定されている。

🔖Deep 詳しい解説

寺内町今井が辿った歴史　建物の左右両翼棟が展示室として使用されている。左翼棟中央には明治10年当時の今井町の全体が俯瞰できる200分の1で製作した町の模型が置かれていて、道路による町割や宅地の形態など町の構造が一目でわかる。町の周囲を囲繞する環濠や土居のほか、門などは江戸時代のものとして復元し、歴史的経過も踏まえて環濠都市としての今井町全体像が理解でき、

中和

29 華甍　主な展示 ↓ 歴史(中世・近世)

◁ 今井町の全体が俯瞰できる町の模型

△ 復元された南門・環濠

町を巡るうえで大いに参考になる。

展示室では今井町が興福寺一乗院の荘園として、至徳3年（1386）に初めて文献に登場し、その後一向宗に帰依し寺内町として、また南大和の経済の中核都市として発展していく変遷を、町に残されている古文書や絵図などによって紹介する。また最近の環濠の整備にともなう考古学的調査や、町家の建替えに際して地下を調査した成果なども加えた解説がある。

今井町に伝えられている古文書には、天正年間に本願寺と織田信長が対抗していたなかで、一時的和議にともない本願寺に同調していた今井も赦免されたことを示す今井郷惣中宛ての書状がある。また豊臣秀吉の治世には、今井郷の自治権を認めた朱印状が発行されている。徳川家康が発した禁制からは、関ヶ原の合戦の後、今井が天領に編入される経緯を知ることができる。

今井の経済は戦国から江戸時代には「海の堺、陸の今井」と称されるほど発展した。展示されている今井札と呼ばれる紙幣は、寛永11年（1634）幕府から許可されて独自に発行したもので、当時の今井の大きな経済力が背景にあったことから、信用度も高く大和国一円で通用したとされる。今井町には経済的に発展していた元禄期頃の古絵図が残されている。絵図からは町の規模、環濠の幅員、高札の位置、9個所の門、今も受け継がれている町内6町の構成などが明

今井札 ▷

記されている。絵図には今井領に接する周囲の領の支配関係も示されていて、商業の中核地であった今井の周辺への影響力の大きさが窺える資料でもある。

✦Academic 学術

全国屈指の伝統的建造物群　重要伝統的建造物群保存地区としての今井町について触れておく。今井町には建築年代が17世紀に遡る町家を含め、江戸時代に建築された建造物は200棟を下らない。現在今井町内には約750の敷地があるが、そのうち江戸時代の伝統的建築様式を残す建造物があるものは、約6割の460敷地にのぼる。そのなかで慶安3年（1650）に建設された今西家住宅は、1957年に最も早く重要文化財に指定されている。その後、上田家住宅、豊田家住宅、中橋家住宅、称念寺本堂など8件がさらに重要文化財に指定された。加えて県指定有形文化財に指定された建造物が、この華甍をはじめ3件あり、市指定有形文化財建造物も旧常福寺観音堂など5件存在し、指定物件だけ拾い上げても17件を数える。これだけの指定物件が現在まで残されている地区は全国でもほかに例を見ない。今井とともに近世に繁栄した貿易港である堺の町が、その後戦災で多くの建物が失われてしまったのとは対照的であり、今井町の町並みが今日まで保存されている意義の深さがわかる。

☆Memo メモ

町民のくらしと町の保存　今井町は1989年に制定された橿原市伝統的建造物群保存地区保存条例によって、町全体の保存のための現状変更の規制や、保存のための必要な措置を法的に定めている。建築基準法、税、補助金などについて特例的措置を図ったことは、地区が過去から引き継いできた伝統的環境を、さらに未来へ着実に継承するための制度整備ともいえる。一方で町の活性化も課題とな

っている。毎年5月には街中を今井宗久(いまいそうきゅう)らに扮した人たちが練り歩く茶行列や、春日社の例祭で引き出される地車の運行のほか、かつての市の賑わいを再現した六斎市や、8月には町の安全と繁栄を願う灯火会なども催されている。保存地区がその価値を失わせることなく未来へ保護継承するためには、人がそこに住み続けていける町の維持という、この種の文化財保存の原点を見失わないことだろう。

華甍の右翼棟には、町屋などの建造物の解体修理にともなって差し替えた部材や瓦などのほか、町家の構造がわかる模型などが展示されている。また映像シアターや図書閲覧サービスもあり、町並み見学の事前学習のために、今井町の辿ってきた歴史や、伝えられてきた建造物の知識をより深めることのできるガイダンス施設として是非利用したい。

(写真4点○橿原市教育委員会所蔵)

○Information 基本情報

名　　称	今井まちなみ交流センター「華甍」
開　館　年	1995年
住　　所	〒634-0812 橿原市今井町2丁目3番5号
電　　話	0744-24-8719
Ｈ　　Ｐ	https://www.city.kashihara.nara.jp/kankou/own_imai/kankou/spot/imai_hanairaka.html
休　館　日	年末年始(12月29日〜1月3日)
開館時間	9時から17時(入館は16時30分まで)
入　館　料	無料
アクセス	鉄道利用:JR桜井線畝傍駅 徒歩8分。近鉄橿原線八木西口駅 徒歩5分。車利用:国道24号橿原市兵部町交差点を西へ約300m。駐車場は今井まちなみ広場駐車場を利用(有料)。

◁ 華甍

Message メッセージ

町内の各施設を案内するパンフレット等を配布しており、散策に役立つ情報をご案内します。館内の講堂・会議室は講演会、各種研修会にご活用頂けます。

30 橿原市立こども科学館

⊙Summary 概要

　体を使って遊び、体験しながら科学の基礎を学ぶことを目的とし、小・中学年が理解できる内容とした展示や解説による施設構成と、行事計画が随所に工夫された科学館。力・電気と磁石・光と音・くらしの環境・宇宙への旅立ちの5つのゾーンからなる展示を中心に「見て、聞いて、触れて遊べる」をコンセプトに毎日実施されるミニ工作や実験教室で科学のしくみや現象を実際に体験できる。子供に、気づきや感動を与え、いかに科学に興味を向けさせるかに主眼がおかれている。

◤Deep 詳しい解説

　くらしのなかの科学　展示室の配置と動線は、ニュートンとガリレオが案内人となって、エントランスゲートをスタートとし、科学の分野別ゾーンを体験しながら巡回見学する。力のはたらきのゾーンでは、振り子の動き・力のつりあい・運動エネルギーなど、物体に力を加えてみると、それがどのように作用するかがわかる仕掛けとしている。電気と磁石のはたらきゾーンでは、私たちの生活に身近な電気と磁石の原理を学べる。次は身近な存在であるにもかかわらず、実態がつかみにくい光と音について教えてくれる。ここでは光と音の性質を理解するため、子供たちが遊びで楽しみながら、自然に学び知識を探めることができる。くらしの環境ゾーンでは、我々をとりまく身近な自然環境についてパネルなどで解説し、日々のくらしとどのように関わりがあるのかを知るこ

ニュートンとガリレオが迎えるエントランスゲート ▷

◁館内展示風景

とができる。そこから将来どのように環境を保護していくべきか、科学的に考えることを意識させるコーナーでもある。

宇宙旅行の仮想体験が味わえる 展示室内にはほかにも興味を惹く作り込みがあり、宇宙へ旅立ちのゾーンでは、太陽系の構造や地球とほかの惑星との関係など、天体や宇宙のしくみや不思議を 写真やパネルなどで解説している。ここでは来観者が自ら架空の惑星からスペースシップシミュレーターという宇宙飛行船に搭乗し、いくつかのミッションを遂行して地球へ到達する仮想体験ができるブースが用意されている。銀河系の広がりや、太陽系のなかの地球を意識するため、館内には地球の自転を振り子の動きでわかる関西最大級のフーコーの振り子や、2610光年の彼方にある天の川にある旧名アルゴ船座の「帆座(はぎ)」を見つめるハッブル宇宙望遠鏡のグラフィックなどがあって楽しめる。

☆Memo メモ

科学現象の実験とムービーのエリア 実験工房は館の看板事業といえるもので、ほぼ月替わりでメニューが用意され、開館日には毎日教室を開催している。館の指導員の先生によって、身の回りにある様々

(写真4点○橿原市立こども科学館所蔵)

◁関西最大級のフーコーの振り子

◁ 実験工房のようす

橿原市立こども科学館

な科学現象を、簡単な実験を通して解明し理由やしくみが実感できるよう企画されている。例えば気体の性質を知るための「水素ロケット発射」、静電気を実感することができる「空中にクラゲ発見」、マイナス196℃を体験する「液体窒素の世界」など、体験して初めてメカニズムや現象が理解できる科学の実験で、子供たちには特に人気の実験室といっていいだろう。

大画面のシアタールームは、子供でも興味をもてる、科学に関するいろいろなアニメーションなどを、迫力のある200インチの大画面を使って上映している。

◐Information 基本情報

名　　　称：橿原市立こども科学館
開　館　年：1996年
住　　　所：〒634-0075 橿原市小房町11-5 かしはら万葉ホール内
電　　　話：0744-29-1300
休　館　日：毎週月曜日（祝日の場合は翌平日）、年末年始（12月27日から翌年1月4日まで）
開 館 時 間：9時30分から17時（入館は16時30分まで）
入　館　料：大人410円、学生300円、小人100円
団体料金は人数によって異なるので要問い合わせ。障がい者（介護者）は該当料金の半額。毎週土曜日は橿原市内在住または橿原市内の学校の通学の幼・小・中学生は入館無料（証明する書類必要）。
ア ク セ ス：鉄道バスなど利用：近鉄大阪線・橿原線大和八木駅から南東へ徒歩約20分（タクシーで約5分）・近鉄橿原線畝傍御陵前駅から北東へ徒歩約15分。車利用：駐車場約450台（但し併設施設と共通利用）

Message メッセージ

> 橿原市立こども科学館では、季節ごとにその日だけの限定イベント（ゴールデンウイーク・夏休みイベント等）も開催しているのでぜひ遊びにきてください！

31 奈良県立橿原考古学研究所附属博物館

◉Summary 概要

　本博物館の設立構想は橿原考古学研究所開設の契機となった、橿原市畝傍町に所在する橿原遺跡の発掘調査が実施された1939年に遡る。原田積善会からの寄付によって、現博物館の前身である建物が建設され、当時奈良県が保有していた考古資料と、地元の畝傍考古館の資料を購入して大和国史館として1940年に開館した。1997年には装いを新たにして現在地に新築移転した。

　奈良県には県立の歴史系博物館がないため、常設展示は奈良県内の発掘調査で出土した考古資料を中心に、「目で見る日本の歴史」をコンセプトに、奈良県の古代から中世までの歴史が出土遺物を通して理解できるように構成されている。入り口部のホールには大型の奈良県の地形模型に、主要な史跡や遺跡が表示されていて、種類別や時代別に遺跡の所在が俯瞰できる。

▷古墳時代の展示室

R Deep 詳しい解説

先史時代の大和　県の歴史の最初のページを飾るのは旧石器時代の出土品である。奈良県と大阪府の境にそびえる二上山北麓一帯の香芝市や羽曳野市周辺からは、西日本の石器材料であるサヌカイトが産出することが知られている。旧石器時代の人々はこの有用な石材に目をつけ、剝片石器の材料として利用した。特にサヌカイトの石質を生かした、瀬戸内技法という特徴のある石器製作の技術や、生産された国府型ナイフ形石器は、三郷町勢野峯ノ阪遺跡の出土資料などが教えてくれる。なお、人類の足跡が確認できるさらに以前のおよそ130万年前には、大型動物の活躍していた時代があり、県文化財に指定された河合町出土のシガゾウ・シカマシフゾウ化石が展示されている。

　後氷期の温暖化が進行するなかで、大陸から切り離された日本列島には、縄文文化という新たな狩猟採集の時代が到来する。その時代は土器の出現や、弓矢の使用が始まることで特徴付けられるが、山添村桐山和田遺跡の発掘調査による出土品が時代の変革を雄弁に語ってくれる。縄文文化がそれぞれの地域に定着していく姿は、縄文遺跡を代表する大川遺跡、大淀桜ヶ丘遺跡、広瀬遺跡、橿原遺跡などの出土品を通してみることができる。貝塚の存在しない県内の遺跡でも、盆地部に所在する低湿地の遺跡から、未分解の有機質の遺物が得られていて、食糧残渣による食糧事情や各種道具類の利用を知ることや、墓地で確認される人骨資料などを通して埋葬の事情や当時の死生観などを窺うこともできる。

橿原遺跡出土の縄文の玉類 ▷

31 奈良県立橿原考古学研究所附属博物館　主な展示 ↓ 考古〔古代〜中世〕

中和

▽弥生時代の各種木製容器

稲作の受容と抗争の時代

奈良盆地で初期の稲作文化を受容した弥生時代前期の事情は、考古学史的にも著名な田原本町唐古・鍵遺跡の遺物から窺え、その後の日本文化の底流が形成される画期となった。弥生遺跡から発見される農耕具、加工具、製糸機織具、容器類などから、稲作文化に転換したことによる新たな生活の体系や、労働のしくみなどを知ることができる。青銅器も朝鮮半島を経由して大陸から伝えられた後、日本列島では独自の発達を遂げるなか、近畿地方を中心に各種の銅鐸が製作される。県内出土の平群町廿日山遺跡から出土した銅鐸が展示されているほか、唐古・鍵遺跡出土の土製鋳型外枠は、銅鐸鋳造の復元研究に大きく寄与する資料である。天理市清水風遺跡の線刻絵画土器には、いくつかのシーンを展開して構成したものがあり、ゴンドラ状の船、高床建物へ登る人物、盾や戈などの武器を手に持つ人物など、文字のない農耕社会の非日常を描いており、弥生人の精神世界を映しているのだろうか。弥生時代後期に集団間の戦闘が頻発したことは、防御の厳重な環濠集落や高地性集落の出現などから推し量ることができるが、県下の弥生集落から出土する石鏃、鉄鏃、石剣、石戈などの武器の存在によって具体的な戦闘の実態にも迫ることができる。

副葬品にみる王権

常設展示のなかでも古墳時代は、県内の主だった古墳や、同時期の集落などの調査成果が余すところなく展示に盛りこまれていて、その内容は十分に見ごたえがある。出現期古墳にともなう埴輪祭祀の系譜は、王権の基盤形成の経過やその間の事情を映している。初期王墓に見られる権力の絶対性は、鉄製弓、銅鏃、鉄鏃、鉄槍などの膨大な量の武器類や、銅鏡、玉杖、椅子形石

（下池山古墳出土の内行花文鏡〇奈良県立橿原考古学研究所提供）

◁ メスリ山古墳出土の大型埴輪

製品のような祭祀・儀仗品などを出土した桜井市メスリ山古墳の副葬品や、石室を囲繞する巨大化した埴輪などを見ると容易に理解できる。天理市下池山古墳のコウヤマキ製の長大な割竹形木棺は、劣化が進んでいるとはいえヤマト王権を支えた権力者の棺として相応しい堂々とした威容を今に残している。銅鏡や装身具も前期古墳に葬られた王の性格を象徴的に表す副葬品で、下池山古墳の内行花文鏡や桜井市池ノ内古墳の三角縁神獣鏡のほか、川西町島の山古墳から出土した多数の鍬形石(くわがたいし)や車輪石(しゃりんせき)など優品が揃っている。

　古墳時代中期にあたる5世紀は、『宋書』など中国の王朝に使者を派遣したことが歴史書に記述された、いわゆる「倭の五王」の時代で、倭国の為政者が中国や朝鮮半島の政治動向や文化に関心を向けた時代であった。特に三国時代の朝鮮半島からは鉄器生産、陶器生産、土木技術などの先進的科学技術だけでなく、乗馬の風習や葬送儀礼など文化や思想に関する新しい文物も受け入れた。橿原市新沢千塚(にいざわせんづか)古墳群や御所市南郷遺跡群の出土品には、その新来の技術による武器・武具や装身具をはじめ

下池山古墳出土の内行花文鏡 ▷

とした、海を渡って将来した貴重な品々が含まれている。この時期には埋葬の場であると同時に、権力の継承の場であった古墳に残された葬送のまつりの器物が目を惹く。橿原市四条古墳や三宅町石見遺跡からは盛装の人物、顔に入れ墨の男、武人、鹿、馬、水鳥など人物や動物の埴輪、蓋形、盾形、鳥形などの埴輪や埴輪形木製品などが出土している。壮観なこれらの展示は当時の実用具を表してはいるが、古墳祭祀に際して特殊化された葬具と考えられている。

　大陸文化との接触による新たな文化や技術の導入は、社会の枠組みを大きく変えることになる。古墳被葬者層の拡大をもたらした古墳時代後期は群集墳の時代ともいわれ、代表的な橿原市新沢千塚古墳群や宇陀市後出古墳群などの木棺墓や横穴式石室墓などからは、武器、武具、農工具、馬具など地域の権力者の性格を反映した副葬品が見られる。支配者層が当時の政権との繋がりの証として一貫して採用した前方後円墳は、やがてその役割を終え、円墳や方墳として形を変える。法隆寺に近い斑鳩町藤ノ木古墳は直径が約50mの円墳であるが、横穴式石室で未盗掘の石棺が発見されて話題となった。被葬者が保有していた遺品や葬送に際して用意された品々の豊富さと豪華さには目を見張るばかりである。一括されて国宝に指定されている副葬品のなかでも、当時の最高の工芸技術を余すことなく発揮して製作された馬具は、異文化の思想に基づく意匠などが取り込まれた類を見ない国際性豊かな製品で、必見の逸品といえよう。展示室の繋ぎ廊下部分や中庭には、家型石棺や陶棺が持ち込まれていて、古墳時代の棺を間近に見ることができる。

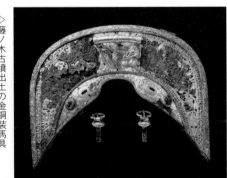

▷藤ノ木古墳出土の金銅装馬具

（藤ノ木古墳出土の金銅装馬具○文化庁所蔵・奈良県立橿原考古学研究所附属博物館保管）

仏教の普及と律令国家の成立 橿原考古学研究所が1959年以来発掘調査を継続して進めている飛鳥京跡では、わが国が律令制国家の確立に向けての道程を、諸宮殿の構造的な発展過程を辿ることで明らかにしてきた。飛鳥時代の展示はこの成果を中心に構成され、重なり合う宮殿遺構の最上層にあたる、飛鳥浄御原宮(きよみはらのみや)の全容の復元模型に集約され、宮殿遺構の宮号比定には出土した土器や木簡などが根拠となったことがわかる。依然として京域について議論がある藤原京と平城京の都城の構造や変遷についても、近年の発掘調査に基づく新しい知見が反映されている。また広域な京内の発掘調査で得られた多数の出土品には、各種日用品や雑器、祭祀関係の道具、木簡などがあり、市井の暮らしぶりや当時の産業や物流事情なども明らかにしてくれる。この飛鳥時代から奈良時代にかけての展示では、仏教文化と寺院の建立をひとつの軸としている。初期寺院の調査で確認された伽藍や、建築遺構、出土瓦などが、百済をはじめ大陸から仏教の思想とともに、寺院建立に関わる新しい技術も伝えられたことを表している。寺院に用いられた瓦のほか塼(せん)や塑像(そぞう)などは、わが国の仏教普及の具体的足跡を示す重要な研究材料となっている。東大寺の建立は、奈良時代の鎮護国家政策を象徴するものだが、展示されている大仏殿回廊西側の地下深くから発見された大仏鋳造関連遺物は、鋳造作業に直接関連する原料や設備について記さ

中和

31 奈良県立橿原考古学研究所附属博物館

▷平城京出土の土馬・墨書人面土器・竈のミニチュア

◁太安萬侶墓誌

れた木簡や、溶解炉の断片など副次的な産物が、廃棄物として一括して遺棄されたもので、まさに大仏鋳造時の状況を復元するのに欠かせない資料である。

権力者の墳墓は大陸の影響を受けた薄葬(はくそう)思想と、律令による支配体制への転換のなかで大きく様相を変える。古墳の終末期の様相は、斑鳩町龍田御坊山(たつたごぼうやま)古墳の横口式石槨(よこぐちしきせっかく)に納められた漆塗陶棺と、副葬された三彩硯とガラス製筆管の展示が具体的に語ってくれる。なお龍田御坊山古墳の横口式石槨の実物は、博物館駐車場奥のガレージ内に移築されていて見学ができるほか、草壁皇子の陵墓説がある高取町束明神(つかみょうじん)古墳の、復元された凝灰岩製の石槨も屋外展示されている。

仏教の浸透は特に支配層の葬送に影響を与え、飛鳥時代の終わりごろから奈良時代にかけて火葬が流行する。偶然の機会に発見されることが多い火葬墓は、学術的な調査を経ない場合も少なくないが、奈良市此瀬町で発見された『古事記』の編者で知られる太安萬侶墓は、幸いにも発掘調査によって墓の構造が明らかにされた。木炭槨のなかに納められた木櫃内には「左京四条四坊」で始まる墓誌が残されていた。重要文化財に指定されている墓誌を間近に見ることができる。

出土品から探る大和の中世　中世の歴史も考古資料の展示を通して学べる。社寺や軍事拠点である城や居館の資料もあるが、圧倒的多数は一般集落の発掘調査の成果による展示品からなっていて、中世に生きた人々の暮らしが見えてくる。当時の文献資料や絵巻物などからも、暮らしの様子はかなり具体的にされているが、展示された考古資料にはまさに使用された生活感の残る日用品や道具類である。奈良市阪原門前遺跡の漆器椀、橿原市下明寺(げみょうじ)遺跡の鉄斧柄、桜

(そのほか写真8点〇奈良県立橿原考古学研究所附属博物館所蔵)

井市縄間遺跡の土器、土師皿・瓦器椀などのほか、奈良市興福寺旧境内の将棋駒や打毬、宇陀市谷畑遺跡の美濃窯系統の灰釉四耳壺(かいゆしじこ)など様々な性格の遺跡から出土した遺物が並ぶ。

展示室の外には、平安時代初期に奈良盆地を流れる高取川に堤を築いて堰き止め、灌漑用の池を造営した際に敷設した木製の巨大な樋管(橿原市益田池(ますだいけ))が展示されている。『性霊集』によれば弘仁13年(822)に工事に着手したとあるが、古代の灌漑に関わる大規模な土木工事技術の高さが窺われる。

☆Memo メモ

博物館には無料スペースが設けられ博物館の出版物を含む考古学関係の書物や関連商品を販売しているほか、考古学に関する図書閲覧サービスや、ほかでは得られない最新の奈良県内の考古学情報提供など、レファレンス対応も周到で、来館者に充実した便宜が図られている。

中和

31 奈良県立橿原考古学研究所附属博物館

○Information 基本情報 ＊2019年1月現在、施設改修のため休館中。

名　　称：奈良県立橿原考古学研究所附属博物館
開　館　年：1940年
住　　所：〒634-0065 橿原市畝傍町50-2
電　　話：0744-24-1185
Ｈ　　Ｐ：http://www.kashikoken.jp/museum/top.html
アクセス：鉄道利用：近鉄橿原線畝傍御陵前駅下車徒歩5分。近鉄南大阪線橿原神宮前駅下車徒歩15分。車利用：国道24号橿原市四条交差点から南へ約1.5km。施設駐車場有。

空調設備、展示ケース等の改修のため、2年程度休館します。再開後の展示は研究所の最新の調査成果を取り入れたものとなります。ご期待ください。

Message メッセージ

◁ 奈良県立橿原考古学研究所附属博物館

32 歴史に憩う橿原市博物館

⦿Summary 概要

　本博物館は付近の丘陵一帯に広がる新沢千塚古墳群の遺跡博物館として、1978年に橿原市千塚資料館という名称で開館した。その後、展示内容などを一新する全面改装を経て、2014年に歴史に憩う橿原市博物館としてリニューアル開館した。

　新沢千塚古墳群は同市川西町と北越智町一帯にまたがる丘陵上に、総数約600基の古墳が分布する西日本でも有数の群集墳で、1976年に史跡に指定された。指定以前の発掘調査によって古墳群は4世紀終末ごろ築造の新沢500号墳を皮切りに古墳の造営が開始され、その後6世紀後半ごろまでおよそ2世紀の長きにわたって古墳が作り続けられた。古墳は前方後円墳も含むが、多くは規模の小さい円墳や方墳からなり、埋葬施設も木棺を直葬したものが大多数を占めている。

🔍Deep 詳しい解説

国際色豊かな副葬品　これまでに発掘調査が行われたのは約200基ほどだが、先述の粘土槨をもつ前方後円墳の500号墳からは、三角縁神獣鏡、八ツ手葉形懸垂鏡、筒形銅器、銅釧、車輪石、翡翠や瑪瑙の勾玉などの玉類、方形板革綴短甲（上半身用の鎧）、農工具など前期古墳の特徴的な副葬品が出土している。中期古墳では、

◁整備された
史跡新沢千塚古墳群
（橿原市教育委員会提供）

新沢126号墳出土の
ガラス製皿（複製）▷
（橿原市教育委員会所蔵）

長さ約22mの規模の長方形墳である126号墳の希少な副葬品がとりわけ注目される。その割竹形木棺からは龍文透彫金冠、垂飾付耳飾、螺旋状髪飾、指輪、腕輪など豪華な大陸系統の装身具などが出土している。またわが国では数少ない青銅製の熨斗（のし）や四神を描いた漆製盤に加えて、西アジアからシルクロードを経由してもたらされたと考えられるガラス製椀と、紺色が鮮やかなガラス製皿があり、国際性や被葬者の出自を暗示している。この126号墳の埋葬施設を展示室に復元し、副葬品との対応ができ、発掘調査時の状況がよくわかる。

　博物館の展示の中心は新装以前の新沢千塚古墳群のサイトミュージアムとしての性格を引き継ぎ、各地に保管されている新沢千塚古墳群出土の資料を補い、初期の群集墳とされる古墳群の全容と、盛衰が理解できるような展示構成としている。なお古墳群は近年全域を対象にして発掘調査の結果を踏まえた整備が進められ、累々と築かれた古墳群を周遊できるよう整えられている。

　誇れる地域の考古資料の展示　橿原市の先史・古代に始まる歴史の歩みが、常設展示のもうひとつの柱となっている。展示全体は「かしはらの夜明け」、「新沢千塚とその時代」、「藤原京の時代」、「京との訣別」の4つのテーマで構成されている。

　先史時代に遡るこの地域の考古資料は、最近の発掘調査の成果を踏まえて益々充実し、縄文時代の暮らしに関わる土器や石器類と、弥生集落から得られた多彩な出土品によって、この間の時代の推移や変革を説明している。縄文時代は市内を通過する京奈和自動車道建設にともなう発掘調査で新たに発見された、観音寺本馬（かんのんじほんま）遺跡や新堂遺跡など主に縄文晩期の居住地や埋葬遺構などが紹介され

◁坪井・大福遺跡出土の漆塗銅剣形柄頭

ている。弥生時代では近畿地方でも有数の環濠集落とされる坪井・大福遺跡の発掘調査資料が展示され、特に見逃せないのは絵画土器と漆塗木器で、前者の絵画土器のなかでは鳥が羽を広げたように腕を高く掲げた人物は、祭祀を司るなどムラの中心的な役割を担っていたと思われる。後者は鮮やかな赤い顔料が塗られた漆塗銅剣形柄頭(どうけんがたつかがしら)で、類例は熊本市上代町遺跡群以外には知られていない。祭祀など特別の機会に用いられた祭祀用具と考えられ、有柄式(ゆうへいしき)銅剣を模した精巧な作りは当時の工芸技術の高さを窺わせる優品である。

古墳時代はメインとなる先述の新沢千塚の展示以外に、推古天皇と竹田皇子の合葬陵説のある植山古墳出土の金銅製馬具の煌びやかで豪華な副葬品がひときわ目を惹く。通路に沿った壁面には、終末期古墳として史跡に指定されている菖蒲池古墳の、墳丘版築を断ち割った実物剥ぎ取り土層が展示されていて、堅固に突き固められた古代の土木技術の高さがわかり、迫力と臨場感がある。一方で古墳時代集落の調査事例も増加し、鍛冶や窯業など大陸からの新技術が地域開発を推し進めた実態を、展示された考古資料が証明している。

古代の展示では、わが国最初の本格的都城である藤原京の範囲が、近年の発掘調査によって従来の説を大きく超える規模の京域であることが明

◁植山古墳出土の金銅製馬具

(写真2点○橿原市教育委員会所蔵)

りかにされた解説が続く。大規模な面積を占めた京の認識とともに、条坊の施行や京内の土地利用のほか、くらしや祭祀などに関わる具体的資料によって、都づくりの計画や都に住む人々の生態なども次第に解明されていることを感じる。

考古資料は中世や近世の地域の歴史叙述にも有効である。新堂遺跡の出土品や、重要伝統的建造物群でもある今井町の出土品などにみられる発掘調査の成果は、文献資料には表れない集落や町家に関わる遺構の変遷や、様々な物資の流通などから中近世の実社会を見透すことができる。

新装された博物館では従来のサイトミュージアムの枠を超え、地域の歴史を学べる博物館として、講演会や参加型の行事も開催されている。また最近は近隣の学校とも連携した積極的な博物館活動も推進している。

中和

32 歴史に憩う橿原市博物館

○Information 基本情報

名　　称	歴史に憩う橿原市博物館 (旧橿原市千塚資料館)
開 館 年	1978年前身の橿原市千塚資料館開館、2014年リニューアルオープン
住　　所	〒634-0826 橿原市川西町858-1
電　　話	0744-27-9681
休 館 日	月曜日 (祝日の場合は翌平日) および12月27日から1月4日
開館時間	9時〜17時 (入館は16時30分まで)
入 館 料	大人300円、学生 (高校・大学生) 200円、小人 (小・中学生) 100円。＊団体料金 (30人以上・100人以上) 大人 (270円・210円)、学生 (180円・140円)、小人 (90円・70円)。障がいのある方及びその介護者は該当料金の半額。市内在住または市内学校に通学する小中学生は毎週土曜日観覧料無料。
アクセス	鉄道バス利用：近鉄南大阪線・橿原線橿原神宮前駅下車、西出口から奈良交通バス「イオンモール橿原」・「近鉄御所駅」・「観音寺・古作」行き『川西』バス停下車すぐ。車利用：橿原神宮前駅より西へ約2km。施設駐車場有。

◁ 歴史に憩う橿原市博物館
(橿原市教育委員会提供)

400基もの古墳に包まれて「古墳浴」やピクニックが楽しめます。博物館では土器を持ったり、体験学習をしたり。驚きと遊びに満ちた学びをぜひ！！

Message メッセージ

33 奈良文化財研究所 藤原宮跡資料室

◉Summary 概要

奈良文化財研究所では都城発掘調査部が担当して、主に平城宮跡と藤原宮跡の発掘調査を継続して実施している。本資料室は飛鳥時代に律令政治の中枢であった藤原宮、および都全域の藤原京も含めた発掘調査や研究の成果を一般に公開するための展示施設である。

資料室の全体は展示室、速報展示、基準資料室からなっていて、展示室は「藤原京の造営」に始まり、「藤原京の完成」、「都のくらし」、「平城京への遷都による都の廃絶」、「発掘調査と研究のあゆみ」の5つのゾーンで構成されている。

▶Deep 詳しい解説

わが国最初の本格的都城の造営 藤原京の建設に先立ち、天武天皇末年には条坊の基準となる道路が先行して工事が進められていたことが紹介されている。藤原京が計画された地域にはかつて存在した、弥生時代や古墳時代の集落や古墳などがあり、京の造営工事によって出土した土器や埴輪が展示されている。『日本書紀』に「掘りいだせる屍を収めしむ」と記載があり、都の大規模な造営工事のために古墳などが破壊されたことがわかる。日高山1号墳の埴輪や横穴墓の副葬品などのほか、土木工事に使われたと考えられる鋤や鍬などの開墾具や、造営に必要な資材の運搬に使われた牛や馬の骨とともに、荷車に連結する牛馬の頸木(くびき)などのほか、実際に運搬された建築材料も出土している。建設された掘立柱建物の柱材や礎板のほか、斧、手斧、鑓鉋(やりかんな)、鎌などの大工道具を中心とした工具類や、鎹(かすがい)や釘なども保存

◁牛馬の頸木

処理して反示されている。宮の主要な建物の屋根に葺かれた瓦は推定で200万枚ともいわれ、これらは藤原京内の日高山の工房で造られたほか、安養寺瓦窯や西田中瓦窯など大和各地はもとより、遠くは讃岐の宗吉瓦窯で造られた瓦も調達され、急ピッチで都の造営が進められたことが想像される。

「新益京」と『日本書紀』に記載された京の構造が、発掘調査の進捗によって次第に詳らかにされてきている。藤原京は天武天皇が計画して造営を始め、持統天皇が引き継いで遷都した、わが国で初めて宮殿を中心に官衙や寺院などの主要施設を街区に計画的に配置した本格的な都城である。都は横大路や下ツ道を基準にして、整然とした条坊制によって区画され、京極の発見などによって平城京を凌ぐ規模であったことがわかってきた。政の枢要であった藤原宮の中心となる宮殿には新たに採用された礎石瓦葺きの建物である大極殿と朝堂が並び、大極殿の北側には掘立柱建物からなる内裏が置かれ、その東西外側には中央官庁を構成する建物群が整然と配置されていた。ここではわが国が律令国家としての成長を遂げるなかで、飛鳥に宮殿が建設されて以来、平安京にいたるまでの大極殿と内裏の関係や殿舎の配置など、宮殿がどのように発展と変遷したかがわかるように解説している。都の町割りと宅地の表示についても新しい知見がある。条坊を基本として大路と小路によって区画された坪は、藤原京では地名に基づく固有名詞で呼称していたことが、「小治町」と記された木簡の出土によって明らかにされている。京内に建設された本薬師寺や大官大寺など、壮大な規模を誇った官営寺院の規模や伽藍配置の解明も、発掘調査の成果によるところが大きい。

木簡が明らかにする都のくらし　宮や周辺から出土する木簡からは、都で暮らす貴族や高級役人から、下級役人や都で働く庶民の生活を垣間見ることができて興味深い。飛鳥浄御原令から大宝律令の

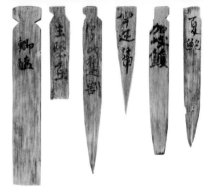

◁藤原宮跡から出土した木簡

施行へと法律がより整備され、中央の役所や地方行政のしくみが整えられていったことは、中務省、民部省、伊奈評、海部郡など行政組織を記載した木簡が雄弁に語ってくれる。また全国から納められた産物に付けられた荷札木簡は、税制度の実効性や当時の各地の特産品の内容なども教えてくれる。

展示では大家族を抱えて民部省に勤める下級役人を想定し、彼が筆、硯、墨、刀子、瓶などの事務用品や備品類を揃えて執務する様子を復元している。都の人々の暮らしぶりは、文献から知られる役人に給与として支給された品物の品目や数量で概ね把握でき、広い宅地が支給され、耕地や使用人なども与えられた貴族の豊かな暮らしがわかる。貴族の食生活を木簡の品目などから、食卓にのぼったメニューを推定してみると、白米のご飯、鮎の煮付け、鯛の和え物、鮑のウニ和え、ワカメの汁物、蘇、瓜の粕漬けに加えて、清酒、枇杷やクルミの果物などまであったようで、なんとも豪華な夕餉である。玄米のご飯にあらめの汁物、ノビルの茹で物、キュウリの塩漬け、せいぜいいわしの煮物がある程度と推定される下級役人や、庶民の質素な食事とは比ぶべくもない。藤原京では和同開珎が出土しているように、貨幣が流通し公設の市場も賑わい、商品経済が発達して生活水準も向上した。

しかし都に人々が集住することで、従来にはなかった様々な都市問題が発生するほか、疫病や飢饉に見舞われることもあったようだ。医療に

◁下級役人の執務を再現した展示

あたった典薬寮から出土した木簡には、車前子や当帰など薬名を記した処方箋があり、政府は薬物の研究など医療の技術と制度を整えようとしたのだろう。その一方で展示品には斎串や人形など意外にも数多くの呪術具がある。当時の先進医療にかかることができなかったのか、あるいは医療効果がなかったのだろうか。ほかにも日照りが続いた時の雨乞いに使ったとみられる土馬もあり、まじないに頼らざるを得ない現実もあったことがわかる。なおコンピューターグラフィックを用いて、当時の下級役人の一日を紹介した「藤原京再現」などは、想像も交えわかりやすく面白い。

都が平城京へ遷り廃都となった藤原京では、都の施設が解体され資材などを運搬して再利用したことや、遷都によって荒廃していく様子が次第に明らかになってきた。発掘調査によって京域が耕地化していく過程を時系列で説明し、古代から中世の日常の食器類の変遷や、荘園の出納木簡などの展示物を通して、その後の都の変貌を解説している。

✦Academic 学術

発掘調査の歴史と研究の現状　藤原宮の研究は、1934年の日本古文化研究所による最初の発掘調査で幕を開けた。その調査では大規模な建物跡を初めて発見し、続いて大極殿や朝堂院など宮中枢の重要な遺構を確認する成果を挙げた。展示の最後では以来今日まで継続して実施してきた、地下に埋もれた藤原宮と京域の調査研究のあゆみを紹介している。なお飛鳥資料館でも、藤原京も含めた飛鳥地域全体の歴史がわかる常設展示を公開している（本書160頁参照）。

やや堅い印象がある「基準資料室」は専門的だが、研究者が飛鳥・藤原宮時代の研究の基礎としている、藤原宮と主要な寺院出土の瓦のなかでも、いわば標本とされる資料が並べられている。遺跡や遺構の年代決定の鍵となる、同時代の須恵器と土師器の標本資料も併せて展示することで、調査結果が羅列されている展示とは違い、

◁ 基準資料室の学術展示

（写真5点○奈良文化財研究所所蔵）

考古資料の見方や確かな考古学的研究の方法などが学べる展示となっている。「速報展示」のコーナーでは、最近の調査や研究のトピックスが紹介されていて、古代史や考古学の最先端の成果に触れることができる。

☆Memo メモ

なお、藤原京に関連して、市内縄手町のJAならけん橿原東部経済センターの2階の橿原市藤原京資料室には、藤原京全域の詳細な1,000分の1の復元模型を展示して公開されている。本資料室の見学に併せて訪問すると、都城の全体像が把握できるのでお勧めしたい。

⊃Information 基本情報

名　　　称	独立行政法人国立文化財機構奈良文化財研究所　藤原宮跡資料室
開　館　年	1988年
住　　　所	〒634-0025 橿原市木之本町94-1
電　　　話	0744-24-1122
Ｈ　　　Ｐ	https://www.nabunken.go.jp/fujiwara/exhibit.html
休　館　日	年末年始、展示替え期間
開館時間	9時から16時30分
入　館　料	無料
アクセス	鉄道バス利用：近鉄大阪線耳成駅・JR桜井線香久山駅いずれからも徒歩約20分。近鉄大阪線大和八木駅から橿原市コミュニティバス木之本町下車徒歩12分（土曜日・日曜日・祝日は奈良文化財研究所藤原宮跡資料室前を経由）。車利用：国道165号橿原市縄手町南を南下、飛騨町交差点を東折、突き当りを北折約300m。国道165号橿原市出合交差点を南下約1.3km。施設駐車場有。

日本初の本格的な中国式都城、藤原宮と藤原京を中心とした展示室です。都の成立ちや古代の人々の生活、奈文研の発掘調査成果等を分かり易く展示しています。

Message メッセージ

◁ 奈良文化財研究所藤原宮跡資料室

34 橿原市昆虫館

⦿Summary 概要

　蝶が羽を広げたかたちの屋根、また昆虫の複眼を思わせる細かく仕切られたガラス張りの放蝶温室が目に飛び込んでくる。この外観は、昆虫の博物館としてのイメージに相応しい。隣接する香具山公園や万葉の丘スポーツ公園などがある、橿原市東部の低丘陵地帯の環境の中に立地していて、奈良県では数少ない自然史系博物館として特異な存在である。

◤Deep 詳しい解説

　生物の進化を学ぶ　「見て・聞いて・触って・感じる・昆虫館」をテーマにしているだけに、来館者が自ら積極的に学ぶことができるように工夫した館の構成になっている。常設展示では標本展示室において、古生代から現代に至る生物の誕生や進化、および多様性をテーマとして、世界の昆虫の標本に化石標本なども加えた貴重な資料を紹介している。昆虫の種類や分類をはじめ、昆虫の生態や生息する自然環境がわかるように配慮された展示となっていて、地層の中に本物の化石を埋め込んだ、触れることのできる展示などもある。特に子供に人気があるクワガタムシやカブトムシのほか、ヘラクレスオオカブトやニジイロクワガタなど外国産昆虫の標本もあって充実している。この展示室では現在開発中の、におい源探索ロボット「サイボーグ昆虫」のレプリカがユニークで、地球上には多様な環境に生息する多くの昆虫がいるが、昆虫の小さな脳がロボットを操縦したらという仮想の世界を楽しめる企画である。

　昆虫の生態の謎　生態展示室では「生きた昆虫たちに出会える」として、いろいろな環境で

中和

34 橿原市昆虫館　主な展示 ↓ 自然（昆虫）

◁ 放蝶温室風景

生きる昆虫群を、虫に近い目線になる小型カメラでその生態が観察できるよう仕掛けされている。水中に棲むタガメやゲンゴロウ、樹液に集まるノコギリクワガタやカブトムシ、森で生息するヤエヤマトガリナナフシ、南の島のイリオモテモリバッタ・ツダナナフシ、タイワンクツワムシ、地表を徘徊するハンミョウやマイマイカブリなど多様性があらためて認識できる。身近な昆虫であるミツバチの飼育展示も、群れて生息する昆虫の集団行動の実態がよくわかる。ミツバチの巣箱を設置して、モニターで箱の中のミツバチの行動を観察することができて興味深い。

　また新館では誰もが関心をもつ、昆虫の生息や飼育方法などの展示や情報が提供されているほか、バッタや魚やカメなど昆虫に限らず身近な生物の様々な生態について学べる場となっている。ここは昆虫が環境変化にどう適応しているのか、ヒトとの関わりはどう変化しているのかなど今日的課題を考えさせる展示でもある。

人気の放蝶温室　この館ならではの特徴は南西諸島の気候条件に設定された放蝶温室を設け、その環境の中でハイビスカスやトックリヤシモドキなど熱帯や亜熱帯の植物を育成し、そこでオオゴマダラ、リュウキュウアサギマダラ、スジグロカバマダラ、ツマベニチョウ、ジャコウアゲハ、シロオビアゲハなど実に約10種類の500～1,000頭の蝶を動く展示としていることである。温室内に一歩足を踏み入れると、代表的な沖縄八重山地方のオオゴマダラが飛び交い、時には舞い降りてきて来館者の頭や肩などにもとまり、子供はもちろん大人も癒される空間が演出されている。

☆Memo　メモ

　行事も来館者を意識した企画が窺える。展示では特別展、企画展、ミニ企画展などを頻繁に開催し、最近

（写真3点○橿原市昆虫館提供）

◁ 放蝶温室のオオゴマダラ

では「八重山展・八重山の自然と島人の暮らし～」「昆虫のオスとメスってどう見分けるの？　見分けられないの？」などが開催された。展覧会では外来種や生態系のほか生物多様性など、近年の地域や地球環境の問題などと絡めて、来館者にも考えさせるテーマなどが取り上げられることも多い。展示以外では昆虫の観察教室をはじめ、身近な昆虫の採集の仕方や名前の調べ方など、子供たちがすすんで参加でき、昆虫の生態に接近できるようなしくみも盛り込んでいる。加えて館では大学など外部団体との連携事業も積極的に行い、その研究や調査の成果も館の普及活動にも生かされている。

●Information 基本情報

- **名　　称**：橿原市昆虫館
- **開　館　年**：1989年開館、2010年リニューアルオープン
- **住　　所**：〒634-0024 橿原市南山町624
- **電　　話**：0744-24-7246
- **休　　館**：毎週月曜日（祝日の場合は翌日）、年末年始（12月28日～1月2日）。GW・夏休み期間中の月曜日は開館
- **開館時間**：4月～9月9時30分から17時（入館は16時30分まで）、10月～3月9時30分～16時30分（入館は16時まで）
- **入　館　料**：大人510円、学生410円、小人100円。＊団体料金は人数によって異なるので要問い合わせ。障がい者（介護者）は該当料金の半額。橿原市在住の幼・小・中学生は毎週土曜日は入館無料（証明する書類必要）。
- **アクセス**：鉄道バス利用：近鉄大阪線・橿原線大和八木駅下車南口より橿原市コミュニティバスで昆虫館前へ（所要時間約30分）、近鉄大阪線桜井駅・JR桜井線桜井駅南口より石舞台行で山田北口下車徒歩約15分。車利用：西名阪自動車道郡山ICより国道24号線経由で、また南阪奈道路葛城ICより高田バイパス経由でいずれも橿原市四条交差点から南東へ約4km。名阪国道針ICより国道369号・165号経由で桜井市阿部交差点から南西へ約3km。施設駐車場有。

◁ 橿原市昆虫館

> 橿原市昆虫館は平成元年にオープンし約30周年を迎えます。奈良県内唯一の自然史系博物館であり、お子様から大人の方々にも楽しんでいただけます。

Message メッセージ

35 桜井市立埋蔵文化財センター

◉**Summary** 概要

　本センターは桜井市内の埋蔵文化財の保護や市内遺跡の発掘調査を行うとともに、地域の文化財や調査研究の成果を展覧会や講座などによって公開・啓発することを目的として設置されている。併設されている展示施設の常設展示は、市内の遺跡から出土した考古資料を中心に、主に地域の先史から古代の歴史が理解できるように「桜井のあけぼの」から「律令国家の成立へ」まで、時代の流れを辿るように構成されている。展示面積は決して広くはないが、重要な資料が展示ケースやスペースを埋めている。

◤**Deep** 詳しい解説

　弥生のくらしと銅鐸のまつり　最初の「桜井のあけぼの」の展示では、市内の旧石器時代から弥生時代の遺跡の出土品が並ぶが、なかでも縄文時代の東新堂遺跡から出土した後期中葉の深鉢や注口土器などは、県内でもこの時期の数少ない完形に復元された土器で、形

▷館内展示風景

◁ 大福遺跡出土の袈裟襷文銅鐸

態や文様のレイアウトなどがわかる貴重な資料である。弥生時代では芝遺跡や大福遺跡など、発掘調査が進んでいる遺跡から出土した土器のほか、鋤・鍬・斧柄などの木製農工具類、石庖丁や石剣などの石器類、銅剣などの金属器が揃って、当時の道具箱を覗いているようだ。また木製短甲も比較的原形をとどめていて、形態や構造が明らかにできる貴重な資料である。1985年に大福遺跡の方形周溝墓の溝底に穿たれた埋納土坑から発見された銅鐸は、中期終わり前後の突線鈕1式の袈裟襷文銅鐸で奈良県有形文化財にも指定された優品である。また大福遺跡で発見された弥生時代の刳抜式木棺と、仰臥屈葬された人骨が置かれていて、どちらも現地から木棺を据えた土坑や埋葬土坑ごと切り取って持ち帰って展示されたもので迫力がある。

豊富な古墳の副葬品 「王権と祭祀」の展示は質量ともに最も充実した古墳時代を扱う。池之内古墳群出土の内行花文鏡や変形鋸歯文帯鏡、琴柱形石製品、車輪石、石釧などには前期古墳の副葬品の特色がみられる。続く赤尾崩谷古墳群から見つかった琥珀小玉や勾玉、1万点を超える夥しい数のガラス小玉や勾玉などからなる組成は、中期の終わりごろに装身具の内容が変容する様子を展示品が語ってくれる。この古墳群からは三輪山周辺に出土地が集中する子持勾玉も出土している。市内には珠城山古墳群、谷首古墳、赤坂天王山古墳など後期の横穴式石室を備えた著名な古墳が多く、出

中和

35 桜井市立埋蔵文化財センター 主な展示 ↓ 考古（弥生・古墳）

◁ 赤尾崩谷古墳群出土のガラス小玉や勾玉

▷ 上之宮遺跡出土のガラス玉鋳型

土する副葬品もこの時期になり、須恵器をはじめ金属製玉類、笄（こうがい）、馬具などが新たに加わって刷新される。

特別史跡山田寺跡や史跡安倍寺跡のほか上之宮遺跡や阿部六ノ坪遺跡など市内には飛鳥時代の重要な遺跡も数多く所在している。市域西辺には藤原京域も広がっていて「律令国家の成立」の展示も多彩な出土品が並ぶ。墨書土器、富本銭（ふほんせん）や和同開珎などの銭貨類、蜂の巣のように多数の小孔が穿れたガラス玉鋳型のほか鞴羽口（ふいごはぐち）や銅滓など鋳造・鍛冶関係遺物、履（くつ）状土製品のような珍しい出土品も展示されている。

纒向遺跡出土の木製仮面 ▷

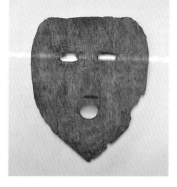

✦Academic な世界

注目される纒向(まきむく)遺跡の調査研究

常設展示のなかの「纒向遺跡」や「埴輪」の展示は、この地で特に注目されている出土品が並ぶ。纒向遺跡ではほぼ毎年継続して発掘調査が実施され、規模や中核地域の構造などが次第に明らかになってきている。その成果も盛り込んだ遺跡の立体的復元模型は、邪馬台国の候補地のひとつでもある纒向遺跡で検出した遺構を組み込んだもので、全体像を把握できて参考になる。遺跡内に点在する出現期古墳の周濠や井戸などの遺構からの出土品には、鍬を再利用した木製仮面、鳥形木製品、楯形木製品、銅鐸片、特殊器台など注目されるものが並ぶ。また東海や山陰地方など各地から纒向遺跡に搬入された土器は、この遺跡の特殊性を際立たせている。埴輪の展示は円筒埴輪以外に形象埴輪も多彩で、一例を挙げると茅原大墓古墳から出土した盾持人埴輪は、人物埴輪では最古級に位置づけられ、埴輪の消長を探るうえで意義も大きい。また埋没していた帆立貝式前方後円墳の小立(こだち)古墳から出

◁ 各地から纒向遺跡に搬入された土器

土した多数の埴輪形木製品や埴輪は、墳丘上祭祀具の全容がわかる貴重な一括資料である。

☆Memo メモ

センターでは毎年秋季に特別展が開催されるが、とりわけ古代の重要な文化財を多く抱えている当地域だけあって注目度も高い。ほかに地域の歴史の特徴あるテーマや調査研究を進めた成果を柱とした企画展や、前年に市内で発掘調査したばかりの遺跡の資料をいち早く披露する速報展なども開催されている。なお当地に限ったことではないが、一部の古墳以外の遺構は現地では公開されずほとんど見ることはできないため、センターの展示を見学してから遺跡に赴くと、地域の歴史をより深く理解することができる。

（写真7点○桜井市教育委員会所蔵）

○Information 基本情報

名　　称	桜井市立埋蔵文化財センター
開 館 年	1989年
住　　所	〒633-0074 桜井市芝58番地の2
電　　話	0744-42-6005
H　　P	http://www.sakurai-maibun.nara.jp/
休 館 日	毎週月曜日、火曜日、祝日の翌日（祝日の翌日が火曜日の場合は水曜日）、年末年始（12月28日～翌年1月4日）
開館時間	9時～16時30分（入館は16時まで）
入 館 料	個人大人300円(200円)、小中学生150円(100円)。＊（ ）は団体（20名以上）料金。未就学児童・市内在住の小・中学生・障害者手帳所持者（障がい者1名につき、介添の方1名）は無料。特別展の期間中は料金が変わります。
アクセス	鉄道バス利用：近鉄大阪線桜井駅下車奈良交通バスで「三輪明神参道口」で下車、徒歩1分。JR桜井線三輪駅下車徒歩10分。車利用：国道169号桜井市三輪参道入口交差点北約100m。施設駐車場有。

邪馬台国の候補地「纒向遺跡」や「箸墓古墳」・「纒向石塚遺跡」・「矢塚古墳」などの出現期の古墳について学ぶなら、ぜひ埋蔵文化財センターへ！

Message メッセージ

◁ 桜井市立埋蔵文化財センター

36 喜多美術館

◉Summary 概要

　創設者である喜多才治郎（1926〜2005）が長年にわたり蒐集した、西洋近・現代の絵画や彫刻のほか写真作品などの美術品を展示している私立の美術館。西洋美術が中心だが、わが国の著名な芸術家の作品も収蔵している。館は古道山辺の道に沿った、金屋石仏の近くに所在する創設者の屋敷の裏にあって、敷地内に本館、別館、東洋美術館、新館の併せて4棟の展示棟で構成されている。

　美術館の前庭には廃物や中古品などをオブジェとしたことで知られる、フランスの彫刻家アルマンの破壊したヴァイオリンなどを含む、5体のヴァイオリン彫刻作品が野外展示されている。

↖Deep 詳しい解説

　幅広い作家の作品を蒐集　本館の展示は基本的には常設の展示となっている。才治郎の絵画をはじめとした美術品の蒐集は、佐伯祐三の「食料品店」に始まるという。その後、世紀末印象派から抽象主義が台頭する現代美術にいたるまで、生涯を掛けて蒐集した著名な画家の油絵を中心とした作品が多数展示されている。洋画では佐伯祐三のほか須田国太郎の「鷲」、藤田嗣治の「猫」、安井曾太郎の「アトリエの裸婦と家族」、熊谷守一の「車前草に蝸牛」、小絲源太郎「風景」などのほか、鳥海青児、麻生三郎らの日本画家の作品が展示されている。またゴッホの「網干し場」、ルノワールの「ティー

◁ 館内展示風景

◁ゴッホ「網干し場」

ポット」、ピカソの「顔」、フェルナン・レジェの「緑の木」、カリエールの「婦人肖像」、アンディ・ウォーホルの「TOMATO BOX」などのほか、ジャッド、ルオー、ブラック、ユトリロ、キリコなど海外の著名な芸術家の作品が並ぶ。絵画作品は画家の初期の作品が比較的多くを占める一方で、戦後美術を代表する数ある画家の作品を幅広く蒐集している特徴がある。

　絵画以外をみると、彫刻ではモノクロームの芸術家イブ・クラインの「サモトラケの勝利のニケ像」、ルノワールの「母子像」、三木富雄の「耳」などのほか、先に触れたアルマンやイブ・クライン、イサム・ノグチ、ドナルド・ジャッド、ヤニス・クネリスなどの作品などがある。版画では長谷川潔、棟方志功、ルドン、ハンス・ベルメール、パレルモ、ミロなどここでも著名な作家が名を連ねる。創設者である才治郎は雑誌の記者取材を受けて、「多様な芸術作品を蒐集・展示していることについて、洋の東西を問わず、垣根を広く取り払うだけでなく、日本画、洋画、写真、書という枠組みを超えたところに美術の将来の発展がある」という趣旨を述べている。

ボイスとデュシャンの世界　別館は、初代理事長亀田得治を記念して建てられた「ボイスとデュシャンの部屋」と称される展示棟である。ドイツの現代芸術家で社会彫刻という概念を提唱し、社会・政治活動家としても知られるヨーゼフ・ボイスの「スコップ」や、フランスの油彩画家ながら20世紀初頭までの絵画を網膜的絵画と懐疑し、新しいアートシーンを切り開いた芸術家ともいわれるマルセル・デュシャンのメモ集作品「グリーンボックス」や、「トランクの箱」などが展示されている。才治郎は先の取材で「戦後の美術はカンバスの上に描くという従来の絵画性を否定して、新しい世界を

（写真3点○喜多美術館所蔵）

模索した。その旗頭となった代表的な作家2人をおいて、現代美術は語れない。」と述べていて、「ボイスとデュシャンの部屋」にこめた強い思いが感じられる。

ミニマル・アートや気鋭の作家の作品も 併設されている酒蔵を改造した東洋美術館では、喜多家に伝えられてきた陶器や漆器類のほか、屏風なども展示している。ここには基本的な最小限の造形手段を制作理念としたミニマル・アートを代表するドナルド・ジャッドや、菅井汲や白髪一雄の作品が展示されている。また2009年に落成した新館では新進気鋭の若手を中心とした、主に奈良県や近畿近在の作家の作品を紹介する特別展や企画展を開催している。

また絵画を中心とした美術教室は子供たちも参加できる内容で、月2回開催され併せてその発表会として作品展が年一回催されているなど、美術館として美術の普及貢献はもとより、人材育成にも力を入れている。

⊃Information 基本情報

名　　　称：喜多美術館
開 館 年：1988年
住　　　所：〒633-0002 桜井市金屋730
電　　　話：0744-45-2849
Ｈ　　　Ｐ：http://www13.plala.or.jp/kita-museum/
休 館 日：月曜日・木曜日（但し、祝日の時は翌日）、展示替え・夏休み・年末年始
開館時間：10時から17時（入館は16時30分まで）
入 館 料：大人800円、大学生・高校生700円、中学生・小学生200円（保護者同伴）。＊10名以上団体割引。
アクセス：鉄道利用：JR桜井線三輪駅下車徒歩南東へ約7分。

世紀末印象派から具象を主体に、近・現代美術を幅広く展示。本館に隣接の別館では、「ボイスとデュシャンの部屋」と名付けて、作品を展示しています。

Message メッセージ

◁ 喜多美術館と館前庭のヴァイオリン彫刻

37 奈良県立万葉文化館

⊙Summary 概要

わが国最初の仏教寺院である飛鳥寺に近い寺域南東方の、丘陵部と丘陵に挟まれた谷あい部に立地する。万葉文化館は『万葉集』を中心に飛鳥・奈良時代の文化や歴史を展示・普及する総合文化施設である。また館では、『万葉集』の調査・研究拠点としての活動も積極的に推進している。

↖Deep 詳しい解説

万葉を描いた日本画のコレクション 展示棟は1階に『万葉集』を題材にした日本画展示室と、講演会・シンポジウムやコンサートなど多目的に利用できる企画展示室がある。日本画展示室は館内でも最も広い展示空間を占め、平山郁夫や片岡球子など現代日本画壇を代表する154人もの画家が、万葉の秀歌を題材に、万葉のうたごころを描いたとされる日本画のコレクションが展示される。現代の日本

◁ 大野俊明「清隅の」

▷ 青田りえ子「撫子」

中和

37 奈良県立万葉文化館

主な展示 ↓ 歴史・考古（飛鳥・奈良）・美術（日本画）

画家それぞれが万葉の世界を自身のイメージによって表現した作品を鑑賞して、来館者が『万葉集』の理解や万葉歌人の心に接近することを意図したものだろうか。年間6催程度を開催し、これまでの展覧会には「田中一村展」、「平山郁夫展」、「中路融人展」など、個展に類した特別展も開催されている。館の理念ともいえる万葉文化を日本人の心の古典、言葉の文化遺産と捉えて、そこから派生した芸術作品を通して楽しみ、学びを広げようと企画されている。

万葉の時代に思いを馳せる　地階は万葉歌をテーマにした四季の移ろいを、空を見上げながら音と照明で感じる「さやけしルーム」、万葉の世界を人形と映像によって表現した「額田王（ぬかたのおおきみ）」や「柿本人麻呂」などの創作歌劇を上演する「万葉劇場」、『万葉集』の成立に繋がるくらしの中の歌を文化史的に捉えて、その成り立ちや変容を辿るほか、人々が集う「八十のちまた」をイメージした「歌のひろば」な

館内のエントランス ▷

▷ 一般展示室「歌のひろば」

どで構成されていて、『万葉集』について様々な角度から接近できる機能が用意されている。

✦Academic 学術

　本館建設にあたって敷地の発掘調査が実施されている。丘陵に挟まれた谷あいを中心に、富本銭など金属製品のほか、ガラス、水晶、鼈甲、琥珀などの製品が発見されたが、ここでは製品だけでなく、これらを製造した遺構からなる工房跡が発見されたことが画期的で、飛鳥時代の貨幣や貴金属類などの先端的製造技術の一端が明らかにされたことに大きな意義がある。館の建設後に遺跡は飛鳥池

▷ 飛鳥池工房遺跡・炉跡群の復原遺構

（写真6点○奈良県立万葉文化館所蔵）

工房(こうぼう)遺跡として国史跡に指定され、館の特別展示室において出土品等を展示して遺跡の概要を紹介しているほか、中庭にはその工房跡で検出された炉跡を復原したものが展示されている。

また、研究員が『万葉集』の歌をわかりやすく紹介する講座を毎月開催するなど、万葉文化の普及に努めている。

☆Memo メモ

『万葉集』に関する情報は館の公式ホームページなどによって発信されているほか、『万葉集』本文の万葉仮名・読み下し文・現代語訳や、古写本の画像を含む万葉集データベース検索システムなどを備えた万葉図書・情報室においても来館者の便宜を図っている。館外には万葉歌碑や万葉の草本を植栽し、散策路や復原された石敷き井戸のほか、野外ステージも設けた庭園が憩いの空間を演出している。

中和

37 奈良県立万葉文化館

◯Information 基本情報

名　　　称：奈良県立万葉文化館
開　館　年：2001年
住　　　所：〒634-0103 高市郡明日香村飛鳥10
電　　　話：0744-54-1850
Ｈ　　　Ｐ：http://www.manyo.jp/
休　館　日：毎週月曜日(月曜日が祝日の場合は翌日の平日)、年末年始、展示替日
開館時間：10時〜17時30分(入館は17時まで)
入　館　料：一般600円(480円)。特別展は別料金。＊県内在住65歳以上の方は半額(住所と年齢を証明するものが必要)、学生(高校・大学)500円(400円)、小人(小・中学校)300円(240円)。＊(　)は団体20人以上の料金。障害者手帳提示の方(在住地は問いません)と介助者1名は無料。
アクセス：鉄道バス利用：近鉄南大阪線・橿原線橿原神宮前駅東口2番のりば飛鳥駅行き(明日香周遊バス：赤かめ)万葉文化館西口下車。車利用：国道165号橿原市縄手町南交差点を右折、飛騨町交差点を左折し、つきあたりを右折し雷交差点を左折、奥山交差点を右折。施設駐車場有(無料)。

奈良県は『万葉集』で一番多く詠まれた土地です。ぜひ「万葉のふるさと」奈良の地で、楽しみながら万葉の世界を体感してみてください。

Message メッセージ

◁ 奈良県立万葉文化館

38 飛鳥資料館

⦿Summary 概要

　明日香村の北東部にあたる奥山集落の東側、桜井市へ通じる古道・山田道に沿って行くと、北側に和風の資料館の本棟が目に入る。主に飛鳥時代の歴史・考古資料を展示するが、飛鳥地域に関わる歴史や文化全般についても紹介する歴史系の資料館である。奈良文化財研究所は主に平城宮跡とともに飛鳥藤原宮跡の調査研究を旨としているが、宮跡以外にも研究所が当地域で計画的に、また継続的に実施している遺跡で明らかになった成果を資料館で展示している。春季と秋季には飛鳥に関する展示だけでなく、ユニークな視点やテーマを掲げた特別展も開催している。

　入り口から本棟の間の広い前庭には、飛鳥に特有の猿石、亀石、酒船石（さかふねいし）などの石造物の複製品のほか、八釣マキト5号墳の横穴式石室が移築展示されている。

▶Deep 詳しい解説

飛鳥の遺跡を俯瞰する　展示室エントランスには考古学的調査成果と、航空写真データを組み合わせた飛鳥地域の500分の1の復元的な模型が展示されていて、わが国古代国家成立の舞台となった地域の宮室、墳墓、諸施設など重要な遺跡の立地や、地理的な相互関係を認識することができる。

　常設展示は2室に分かれ、第1展示室ではまずプロローグとして、飛鳥地域と飛鳥時代の基礎的な解説がある。常設展示のねらいは飛鳥の歴史

◁エントランスの飛鳥地域の復元模型

紹介することだが、展示構成の基軸は約100年間にわたって飛鳥藤原地域に営まれた諸宮殿や寺院に加えて、古墳などの発掘調査や最新の研究成果を取り入れて、飛鳥時代史が通観できるものとしている。全体は「仏教伝来と蘇我氏」、「飛鳥の宮殿」、「律令国家への歩み」、「飛鳥の古墳」、「飛鳥の寺院」の5つのテーマで構成されている。

国家の威信を示す宮殿と寺院 飛鳥盆地という限られた空間に、歴代の天皇によって相次いで営まれた宮室は、記紀などの記載をもとに考察されてきた。近年国、県、村それぞれが積極的に遺跡調査を進め、宮殿伝承地の規模や構造を解明したほか新たな宮殿遺跡の発見などの成果がもたらされ、本格的都城である藤原京が成立するまでの道筋も描けるまでになってきた。斉明朝から飛鳥時代末まで繰り返し整備された石神遺跡も、継続した調査で全容の解明が進んでいる遺跡の一つで、ここでは特に明治期に掘り出された噴水施設でもある異国風の風貌をもつ石人像と、3段に積み上げられた石造須弥山石の2つの重要文化財の展示が圧巻で、来朝した外国使節や辺境の蝦夷などに対して、先進的な技術や高い芸術性をもって国家の威信を示したのだろう。石神遺跡にも近い飛鳥水落(みずおち)遺跡は、堅牢な地中梁や貼り石の基礎をもつ天智朝に造営された漏刻台(ろうこくだい)と考えられている遺構で、発見された遺構

◁石神遺跡の石人像(東京国立博物館蔵)

▽館内展示風景

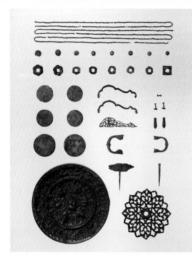

◁ 高松塚古墳出土の副葬品（重要文化財）

の構造や現存の水時計などを参考に推定復元して展示している。

仏教の導入と普及が図られた飛鳥時代には、大陸からの新たな技術による寺院建築が出現する。その実態は飛鳥寺や川原寺などの初期寺院で明らかにされた伽藍構造の特徴のほか、飛鳥寺の塔の一括埋納品や各寺院の特色ある屋瓦などの出土品をもって具体的に解説する。

国宝に指定されている極彩色の壁画を保存するために石室を解体した高松塚古墳の展示では、高精細写真を駆使した石室内の復元や墳丘の土層断面のはぎとり標本、一括して重要文化財となっている副葬品を中心とした出土品が並ぶ。金銅製透飾金具や金銅製六花文座金具などの漆塗り木棺装飾金具類や、海獣葡萄鏡（かいじゅうぶどうきょう）、銀装唐様（からよう）大刀（たち）金具、ガラス製丸玉、同粟玉など、当時の有力な皇族や貴族の葬送の実態がわかる。ほかにもキトラ古墳の陶板製の複製壁画などもある。飛鳥地域に所在する古墳時代終末期古墳が詳しく紹介され、律令制度が整備され薄葬令（はくそうれい）など葬送の規定も整えられるなか、当時の墳墓の構造や形態がどのようなものだったかを知ることができる。

蘇る飛鳥時代の建築　第2展示室では飛鳥時代の寺院の建物が、倒壊したまま発見された稀有な例として話題となった山田寺の建築部材を組み上げて展示されている。蘇我倉山田石川麻呂（そがのくらやまだいしかわまろ）によって建設された同寺は、平安時代に裏山が崩壊し、寺に押し寄せた土石流によって倒壊したが、土中に建築材がそのままの状態で遺存してい

山田寺東回廊の展示 ▷

ん。法隆寺西院伽藍をさらに遡る最古の寺院建築の実物資料が、保存処理されて重要文化財となっている。なかでも保存状態の良好な東回廊が当時の状態に再現されて、迫力ある飛鳥時代の寺院建物が眼前に迫ってくる。

✦ Academic 学術

展覧会に繋がる調査研究 地階には特別展示室のスペースが設けられている。冒頭に触れた特別展以外にも企画展を合わせて毎年度4回の展覧会が開催されている。これまでに開催された特別展には、奈良文化財研究所が継続して取り組んできた主要遺跡の発掘調査や飛鳥時代の文化に関わる展示をはじめ、各種文化財調査を取り上げた研究成果のほか、国際共同調査・研究に関するテーマも少なくない。河南省黄冶三彩窯の研究成果による「まぼろしの唐代精華」は、優品展示になりがちな唐三彩を生産から消費を通した総合的な視点で企画した展示。唐大明宮の太液池や慶州龍江洞苑池に加えて、飛鳥時代の苑池や庭園などの発掘調査を踏まえた「東アジアの古代苑池」や、わが国の古墳文化にも大きな影響を与えた中国北方騎馬民族の文物研究に基づいた「三燕文化の考古新発見」など、中国や韓国の出陳物も加えた展覧会が開催されている。また近年発掘調査された明日香村キトラ古墳については、現在は本書41（171頁）で紹介している現地の「キトラ古墳壁画体験館　四神の館」で期間を定めて壁画を公開しているが、壁画保存のために壁画を石室から取り出した後の、2006年から5期にわたって「キトラ古墳壁画」と題して、実物壁画を順次公開した。その間キトラ古墳の詳細な石室内調査の結果や、天文図を扱った「キトラ古墳と天の科学」のよ

（写真6点○奈良文化財研究所所蔵）

うな古墳壁画に関連するテーマの展覧会なども開催されている。地階にはほかに視聴覚コーナーがあって、「高松塚古墳の歴史」や「飛鳥の石造物」などビデオ番組を揃えて、飛鳥の歴史学習の助けとしている。

　飛鳥の地にあって展示機能をもつ本館は、当地を訪れる人が飛鳥に関する歴史・文化の予備知識や、より深く学ぶことができる施設であり、今後も発掘調査による新たな発見や学術的研究に基づいた、実証的な成果を反映した展示が望まれている。

○Information 基本情報

名　　　称	独立行政法人国立文化財機構奈良文化財研究所　飛鳥資料館
開　館　年	1975年
住　　　所	〒634-0102 高市郡明日香村奥山601
電　　　話	0744-54-3561
Ｈ　　　Ｐ	http://www.nabunken.go.jp/asuka/
休　館　日	月曜日（祝日の場合は翌平日）、年末年始（12月26日～1月3日）
開館時間	9時～16時30分（入館は16時まで）
入　館　料	一般270円（170円）、大学生130円（60円）、高校生及び18歳未満無料。

＊（　）内は20名以上の団体料金。65歳以上・高校生および18歳未満の方は無料（65歳以上の方は要年齢のわかるもの提示）。障がい者の方とその介護者各1名は無料（要手帳の提示）。

アクセス　鉄道バス利用：近鉄橿原神宮前駅または飛鳥駅から「明日香周遊バス（赤かめ）」で『明日香奥山・飛鳥資料館西』下車すぐ。JR・近鉄桜井駅から奈良交通バス（36系統：飛鳥奥山・飛鳥資料館西行）で『飛鳥資料館』下車すぐ。車利用：南阪奈自動車道　葛城ICから約30分、西名阪自動車道天理ICから約40分、京名和自動車道郡山ICから約35分、いずれも橿原市四条交差点から南へ約5km。施設駐車場有（台数に制限）

Message メッセージ

> 山田寺跡の出土部材を組み立てた東回廊は必見。広い前庭の石造物も人気です。飛鳥めぐりの最初に立寄るのがおすすめです。

▽飛鳥資料館

39 明日香村埋蔵文化財展示室

⦿Summary 概要

　明日香村内に所在する史跡のほか主要な遺跡や、村が発掘調査を実施した遺跡の紹介と、出土した文化財はもちろん、遺跡に関連する模型なども活用した文化財資料展示室である。旧村立飛鳥小学校の校舎を展示室にしており、面積も限られた施設環境ではあるが、村内には飛鳥宮跡をはじめとする宮殿や、飛鳥寺などの寺院のほか天武持統陵や高松塚古墳など、飛鳥時代の政治や文化の中枢の地であることを示す有数の遺跡が所在するため、日本の歴史上大きな意味をもつ資料がいくつも展示されている。

▶Deep 詳しい解説

斉明陵説が有力な牽牛子塚古墳の扉石　なかでもここでしか見ることのできない展示品からいくつかを紹介したい。真弓崗と呼ばれる明日香村西部の丘陵上に立地する牽牛子塚古墳は、古くから研究者に関心をもたれてきた終末期古墳である。2009年の発掘調査で凝灰岩の敷石が確認された結果、対辺長22mの八角形墳であることが確定した。この古墳の凝灰岩製の横口式石槨の特殊な構造や、その翌年に南東側で新たに発見された横口式石槨をもつ越塚御門古墳の存在などから、牽牛子塚古墳を斉明陵、越塚御門古墳を大田皇女の墓とする説が有力とされる。展示室には石材を保護する意味もあって、牽牛子塚古墳の石槨の内側の閉塞石（扉石）（高さ112cm、幅147cm）が持ち込まれているが、室内でみるその重厚な扉石は迫力がある。こ

牽牛子塚古墳の扉石▷

◁ 牽牛子塚古墳出土の七宝飾金具・棺金具・ガラス玉

れには4か所に穿たれた孔があって、そこに飾金具が取付けられていたことが推定される。石槨内に安置された夾紵棺の破片や、墳丘版築を切り取った一部も展示されている。

塼仏と塑像の造形美　最古の官寺とされる川原寺の創建にいたる経緯はつまびらかでない。一塔二金堂式の特異な伽藍配置をもつ7世紀中頃の寺院だが、その北西側にある川原寺裏山遺跡からは、以前から寺院に関連する様々な遺物が出土していた。近年の発掘調査によって、これらは川原寺が平安時代に被災した際の堂宇の整理にともなって埋納、ないし廃棄されたものと考えられている。堂の壁面を飾った三尊塼仏や、如来形・菩薩形などの塑像、螺髪や指など仏像の部位などが展示されているが、考古資料としてだけでなく、飛鳥から奈良時代の優れた仏教美術の造形としても高く評価されている。

飛鳥の宮殿と祭祀の場　雷丘東方遺跡の展示品も重要な意味をもつ。1987年に発見された奈良時代の井戸から小治田宮と記された墨書土器が出土し、淳仁・称徳朝の宮殿の所在が明らかにされたが、さらに遡る飛鳥初期の推古天皇小墾田宮の推定にも足掛かりを与えた。展示室には現地から取り上げられた井戸枠が組み立てられ、底から出土した墨痕鮮やかな墨書土器も見ることができる。

飛鳥に所在する不思議な石造物のなかでもひときわ知られている酒船石があるが、2000年この北側の丘陵裾で大きな発見があった。石を敷き詰めた広場の一角に湧水施設、亀形石造物、小判形石造物からなる導水祭祀の空

（写真5点○明日香村教育委員会所蔵）

小治田宮と記された墨書土器 ▷

酒船石遺跡湧水施設の
蓋付取り口 ▷

間とでも呼べる遺跡で、斉明朝に実行された宮殿と周辺の大規模な整備にともなうものだろう。酒船石遺跡と命名されたこの遺跡の構造が明らかになり、そのなかの砂岩で製作された湧水施設には蓋付きの水の取り口部分が存在し、その実物が展示されている。

展示室には高松塚古墳と並ぶ極彩色の壁画が描かれた石槨をもつ、キトラ古墳石室の実物大模型が置かれていて、一般には公開されていない終末期古墳内部の臨場感が味わえる。また高松塚古墳の壁画を参考にして復元・複製された飛鳥時代衣装も展示されているなど見どころも多く、是非立ち寄ってみたい施設である。

○Information 基本情報

名　　　称	明日香村埋蔵文化財展示室
開　館　年	1999年
住　　　所	〒634-0103 高市郡明日香村大字飛鳥225-2
電　　　話	0744-54-5600
H　　　P	https://asukamura.jp/shisetsu/maizobunkatenji.html
休　館　日	年末年始
開館時間	9時〜17時（入館は16時30分まで）
入　館　料	無料
アクセス	鉄道バス利用：近鉄南大阪線・橿原線橿原神宮前駅下車、東口から飛鳥周遊バス飛鳥下車すぐ。車利用：国道169号橿原市石川町丈六交差点を東折、県道124号を東進し飛鳥川突き当りを南折し約500m、飛鳥川の橋を渡ってすぐ（水落遺跡の北側に隣接）。国道165号桜井市阿部交差点を南折、県道15号を直進、明日香村雷交差点を南折し約200m。

村内での発掘調査成果を、展示という形で活用している村営唯一の考古系施設。村文化財課が行った発掘の軌跡を知ることが出来るという点も強調しておきます。

Message メッセージ

◁ 明日香村埋蔵文化財展示室

中和

39 明日香村埋蔵文化財展示室

高松塚壁画館

⦿Summary 概要

　国営飛鳥歴史公園の高松塚周辺地区の中に位置する、特別史跡高松塚古墳の西側に建つ博物館施設で、古都飛鳥保存財団が運営する。高松塚古墳は南方にあるキトラ古墳と並んで、飛鳥時代後期の壁画古墳として知られている。しかし文化庁による古墳本体と国宝に指定された壁画が管理されている間に、黴などによる壁画の劣化が主な原因で、2007年古墳の主要部である凝灰岩の切石を用いた横口式石槨(よこぐちしきせっかく)が全解体されて、同高松塚周辺地区内の国宝高松塚古墳壁画仮設修理施設に移送されたため石槨は現地には存在しない。

　壁画館は展示室が1室だけの小さい規模の博物館だが、高松塚古墳の墳丘や石槨の構造のほか、極彩色の壁画、出土品など詳しく知ることができるだけでなく、見学者に壁画発見当時の状況や感動を今に甦えらせる施設である。

▷高松塚古墳壁画の模写

▶Deep 詳しい解説

精細に模写された壁画　高松塚古墳は壁画発見後、石槨内環境に外気の影響が及ばないよう保護するために、石槨の前面に保存施設が設置され、保存のための定期点検に係る専門家などの関係者以外は立ち入れない措置を執ってきた。このように壁画を一般公開できないこともあって、壁画館には前田青邨や平山郁夫など、当時の著名な日本画家によって模写された発見時の現状壁画と、わかりやすく一部が復元された壁画とが左右に対峙して展示されている。壁画は北壁、東壁、西壁と天井の石槨内の四面に描かれていている。北壁には玄武像が、東壁には青龍と日像および男女の人物群像が、西壁には白虎と月像および男女の人物群像が配置されている。天井には円形の金箔によって表現された星宿が描かれ、星と星の間を朱線で結び、北極五星や二十八宿の星座を表現している。キトラ古墳のように南壁に想定される朱雀は現存せず、鎌倉時代に被った盗掘時に欠落してしまったとみられる。

世紀の壁画発見が甦る復元石槨　展示室内には1972年に発掘調査

◁ 高松塚古墳発掘当時の実物大復元石槨

された当時の状態のままに、石槨を実物大で復元してある。盗掘された際に穿けられた石槨南側の孔があるところから、様子などが覗けるようになっていて、石槨内部の空間はもちろん、版築によって突き固められた墳丘との関係もよくわかり発見時の興奮が感じとれるようだ。展示品には木棺を飾った金銅製六花文座金具や円形飾金具のほか、銅製角釘、銀装唐様大刀の飾金具、海獣葡萄鏡など、盗掘を免れた豪華な副葬品のレプリカなどが並べられ、極彩色の壁画と併せて他界へ旅立つ被葬者への手厚い葬送儀礼の情景が甦る。なお高松塚古墳の被葬者については弓削皇子や忍壁皇子など天武の皇子を候補とするほか、太政官を務めた石上麻呂が挙げられるが、大友皇子の子の葛野王や渡来人を想定する説もある。

(写真3点○公益財団法人 古都飛鳥保存財団所蔵)

⊃Information 基本情報

名　　称	高松塚壁画館
開 館 年	1977年
住　　所	〒634-0144 高市郡明日香村平田439
電　　話	0744-54-3340
Ｈ　　Ｐ	http://www.asukabito.or.jp/hekigakan.html
休 館 日	12月29日〜翌年1月3日
開館時間	9時から17時（入館は16時30分まで）
入 館 料	大人300円(250円)、高校・大学130円(100円)、小・中学70円(50円)。 ＊( )は10名以上の団体料金。障がい者は無料、付き添い1名は無料(要障がい者手帳の提示)。
アクセス	鉄道利用：近鉄吉野線飛鳥駅より南東へ徒歩15分。飛鳥駅でレンタルサイクル利用可能(約5分)。車利用：国道169号明日香村飛鳥駅前交差点を東折、約500mで国営飛鳥歴史公園館駐車場。駐車場から南へ徒歩約400m。

壁画は飛鳥時代の至宝として国宝に指定されています。そこには色彩豊かな官人や侍女と四神像があり、金銀箔で表現された日月像と天文図を観賞できます。

Message メッセージ

◁ 高松塚壁画館

41 キトラ古墳壁画体験館 四神の館

⦿Summary 概要

　キトラ古墳は藤原京の南方にあたる、明日香村阿部山の丘陵南斜面に版築工法で築かれた飛鳥時代の終末期古墳で、直径が約14m、高さ3mあまりの腰高な二段築成の小円墳である。1983年墳丘中央に構築された18個の直方体切石からなる凝灰岩製の横口式石槨内に、差し入れたファイバースコープ調査によって、壁面に描かれた極彩色の壁画が発見された。その後さらに実施された壁画の保存状態の確認調査や、石槨内の発掘調査などによって、壁画は側壁に四神と十二支が、天井には天文図と日月が描き分けられていることが確認された。2000年にキトラ古墳は特別史跡に指定されるが、壁画は黴による傷みと、壁画が描かれた漆喰が石槨の壁面から剝離した状態となっている部分があることが判明し、2010年までに壁画全体が石槨壁面から分離して剝ぎ取られた。現在壁画は、本館1階のキトラ古墳壁画保存管理施設のなかに置かれ保管されている。

◤Deep 詳しい解説

飛鳥時代の絵画を目にできる　本館は地下1階と地上1階の2層構造で、地上階では、期間を限定して収蔵状態の壁画を順次公開している。壁画の構成は東壁に青龍、南壁に朱雀、西壁に白虎、北壁に玄武の霊獣四神を配し、その下には欠損してしまった部分もあるが、北壁中央の子像に始まる獣頭人身の十二支像を、各壁3体ずつ順に描いていたとみられる。四神を観察すると、目を大きく見開き疾駆する白虎や、地を蹴って今にも飛翔しようとする朱雀など、いずれも動きの瞬間を的確に捉え、躍動する姿の描写も印象的である。天井は石槨内側面の縁を傾斜させ屋根形に刳り込み、東側縁に太陽を金箔で、西側縁に月を銀箔で表現している。天井全体は天の北極を中心とし、朱線によって同心円の内規、赤道、外規と、北西

中和

41 キトラ古墳壁画体験館 四神の館 主な展示 ↓ 考古（飛鳥）

側に偏った黄道を表現した天文図が描かれている。そのなかに金箔と朱線で表された星座は北斗、紫微垣東蕃・西蕃、昴宿、翼宿など74座以上からなる。この星図は古代中国の天文学を下敷きとしたもので、天帝が治めているとされる理想の天上界の秩序を基にした思想が反映されたものといえる。

✦Academic 学術

被葬者は誰　また同フロアーには古墳から出土した鉄地銀張金象嵌帯執金具をはじめとした鉄刀の装具類や、ガラス玉、琥珀玉など装身具を含む副葬品、銀環付金銅製六花形飾金具や金銅製鐶座金具など、石槨に納められた木棺の飾金具などが展示されている。以上の遺物とともに石槨内からは人骨と歯牙が出土していて、被葬者が50から60歳代の男性と鑑定されている。発掘調査によって得られたこれらの資料から、被葬者については諸説あるが、右大臣にまで上り大宝3年(703)に69歳で没した阿倍御主人とする説が有力だが、ほかにも天武天皇第一皇子の高市皇子や百済王昌成などを候補に上げる意見もある。

▷館内展示風景

(写真2点○キトラ古墳壁画体験館所蔵)

41 キトラ古墳壁画体験館 四神の館

壁画から読み取る飛鳥文化　地下1階はキトラ古墳について、いろいろな機能を使って総合的に学ぶことができる展示・学習室で、4つのゾーンによって構成されている。はじめにキトラ古墳の概要の説明があるが、ここでは実物大のキトラ古墳の石槨が復元されていて、飛鳥時代の有力者の黄泉の世界が体感できる。次のゾーンでは展示室天井を天空に見立て、線と点の灯りによって壁画の天文図が再現されているほか、大型スクリーンで四神の壁画が高精細の映像で鑑賞できる。3つ目のゾーンではキトラ古墳の発掘調査や研究に関する説明があり、発掘道具などの資料も併せて展示されている。最後ゾーンではわが国の国家形成の萌芽期である飛鳥時代について、文化の特色やその由来や背景について東アジアの歴史のなかに位置づけて解説している。本館は、キトラ古墳の全容とその時代を展示解説する遺跡ミュージアムの役割を担っている。

○Information 基本情報　＊キトラ古墳壁画は、2019年3月に国宝に指定された。

名　　　　称	キトラ古墳壁画体験館 四神の館・キトラ古墳壁画保存管理施設
開　館　年	2016年
住　　　　所	〒634-0134 高市郡明日香村阿部山67
電　　　　話	0744-54-5105
Ｈ　　　　Ｐ	https://www.nabunken.go.jp/shijin/
休　館　日	12月29日〜1月3日。＊キトラ古墳壁画保存管理施設(1階)は毎週水曜日閉室。
開館時間	9時30分から17時（12月〜2月は16時30分閉館）
入　館　料	無料
アクセス	鉄道バス利用：近鉄吉野線壺阪山駅より東へ徒歩15分。近鉄吉野線飛鳥駅より南東へ徒歩30分、または飛鳥駅から路線バスでキトラ下車すぐ。車利用：国道169号近鉄壺阪山駅前交差点を東折突き当り左折すぐ右折して約500ｍ。国道169号近鉄飛鳥駅前交差点を東折、約200ｍで南折して約1.2km。施設駐車場有。

Message メッセージ

当館は、キトラ古墳の取り外した壁画や出土品を保存・公開し、壁画に隠された飛鳥文化を映像とレプリカで説明している施設で原寸大の石室模型がすごい。

◁ キトラ古墳壁画体験館四神の館

42 二上山博物館

⦿Summary 概要

　奈良盆地の西方に連なる葛城山系の北端に位置し、地域を象徴する二上山から命名された市立の地域博物館。ここでは「二上山の3つの石」をキーワードにして、主に地域に所在する文化財の保護とともに、調査・研究を通じて、地域の歴史や文化財の情報を展示や講座などで、広く市民に普及・啓発している。3つの石とは主に旧石器〜弥生時代に石器の材料とされたサヌカイトと呼ばれる安山岩、古墳時代の石棺や古代寺院の基壇化粧石などの材料になった凝灰岩、もうひとつは古来研磨材として知られている金剛砂(柘榴石/ガーネット)である。利用された時代や使われ方は異なるが、いずれも広い意味で、地場産業を支え、ここに住む人々の生活とも深く関わった資源であった。

↘Deep 詳しい解説

　良質のサヌカイトの産地　博物館の常設展示では、これらの有用な石材を産出・生成した二上山一帯の火山活動について、地域の地

▷サヌカイトの展示

鶴峯荘第1地点遺跡出土の旧石器 ▷

42 二上山博物館　主な展示 ↓ 歴史・考古〔地域〕

質学的な環境を含めて知ることができる。サヌカイトを石器素材として重視した旧石器時代には、どのようにして石器を作ったのか詳しく解説されている。典型的な石器群が発見された、鶴峯荘第1地点遺跡から出土した旧石器をみると、打ち割ることで鋭いエッジが得られる石材の性質を巧みに利用し、驚くべき高い石器製作技術を獲得していたことがわかる。南北に長い日本列島では、それぞれの地域に産する黒曜石や頁岩など、サヌカイトとは別の有用な剝片石器材料の特徴を活かした石器製作を行っていたことが説明されている。海外も含め各地の特色ある旧石器や、いろいろな石材原石の展示はほかでは見られない。

様々な石造物に使われた凝灰岩　火山灰や火砕流が堆積し固まってできた凝灰岩は、可塑性に富み加工が比較的容易な性質をもつ石材である。市内には奈良県の天然記念物に指定されているどんづる峯という白色凝灰岩が露出した奇岩景勝地があるが、その付近では古代から中世頃とされる凝灰岩を切り出した石切り場の遺跡が発見されている。常設展示では切り出した際のノミ痕が著しい穴虫石切場遺跡の精巧な模型を展示している。このような石切場から切り出された石材の用途は広範で、石棺や寺院の基壇材のほか古代の火葬墓の骨蔵外容器、中世の灯籠、五輪塔、宝篋印塔などに利用されており、実物を目の前にすると凝灰岩利用の歴史がよくわかる。隣接

◁古墳時代の凝灰岩製家形石棺

する太子町との境界に位置する国史跡鹿谷寺は凝灰岩を開削した大陸風の石窟寺院跡で、岩盤から切り出した十三重石塔が現存するほか、市内逢坂には金剛界四仏を4面に配した、鎌倉時代初期とされる古い様式の凝灰岩製層塔なども残されている。

地場産業として発展した金剛砂採掘　二上山周辺で採れる金剛砂は、溶岩由来の火山岩のなかに捕獲岩として含まれる柘榴石の一種で、硬度が6.5から7.5と非常に硬く研磨材として利用された。古くは『続日本紀』に大坂沙で玉石を磨いたことが記され、『大乗院寺社雑事記』によれば、室町時代にこの地域で税として金剛砂を納めていたこと、また江戸時代には「金剛鑽」とも呼ばれ、川から採取する様子が古書に記されていて、時代を経て需要に応えて採取が促進された。明治になり工業用としての研磨材販売が確立し、大正には新たにサンドペーパーを製造して販路が全国的に広がり、2度の大戦期には軍需品の研磨にも使われた。地場産業として発展したかつての金剛砂の露天掘りの様子や、精製の工程などを詳しく展示している。

✦Academic 学術

展示には市内で実施されてきた発掘調査の成果も反映させている。近年では飛鳥時代の伽藍の全容と巨大な礎石が据えられた塔跡の構造が明らかになった国史跡尼寺廃寺について、寺院の概要と塔

◁ 尼寺廃寺塔跡心礎出土の埋納品

心礎から出土した金環や水晶玉などの創建時埋納品が展示されている。また下田東遺跡から検出された埋没古墳にともなう馬子、馬、鶏、盾、家形などの埴輪群や、運搬具を兼ねた珍しい木棺も貴重な出土品といえる。これまでに二上山北麓一帯からは、奈良時代から平安時代の火葬墓が発見されている。最近では銙帯(かたい)金具や和同開珎を副葬した高山火葬墓の発掘調査成果が展示されている。また当地では江戸時代の明和年間に市内穴虫において、わが国でほかに例のない金銅製球形容器に391文字を刻んで墓誌とした、国宝の骨蔵器が発見されている。慶雲4年(707)に没した威奈真人大村(いなのまひとおおむら)の火葬墓として知られているもので、展示室ではその墓誌の精巧な複製が見学できる。

存在感のある石棺 館が入るふたかみ文化センター前の植え込みには、市内最大の前方後円墳である狐井(きつい)城山(しろやま)古墳の近くで発見され

下田東1号墳出土の馬と馬子の埴輪 ▷

た、兵庫県播磨で産する竜山石製の長持形石棺蓋石（市指定）が置かれている。古墳時代中期の首長層の権力の絶大さを感じるとともに、宮内庁が管理する市内の顕宗と武烈天皇のふたつの天皇陵との関係にも関心が及ぶ。

☆Memo メモ

地域の博物館としては展覧会以外に、講演会、シンポジウム、歴史フィールド学習を含む各種講座、子供対象のワークショップなど行事も多彩に企画されている。また博物館友の会である「ふたかみ倶楽部」の活動もさかんである。

（写真5点○二上山博物館所蔵）

●Information 基本情報

名　　　称：香芝市二上山博物館
開　館　年：1992年
住　　　所：〒639-0243 香芝市藤山1丁目17番17号（香芝市文化施設ふたかみ文化センター1F）
電　　　話：0745-77-1700
Ｈ　　　Ｐ：http://www.city.kashiba.lg.jp/kanko/0000003666.html
休　館　日：月曜日（国民の祝日、振替休日にあたる場合は翌日以降最も近い平日）・年末年始（12月28日〜1月4日）
開館時間：9時〜17時（入館は16時30分まで）
入　館　料：大人200円（150円）、学生150円（100円）、小人100円（50円）。＊（　）は20名以上からの団体料金。特別展開催中は別料金。市内の小・中・高等学校の児童または生徒が教職員に引率されて入館する場合、学校休業の土曜日に高校生以下の児童または生徒が入館する場合、身体障害者手帳・精神障害者保健福祉手帳・療育手帳の交付を受けている方が入館する場合など入館料は免除。ほかにも免除あり、詳しくは博物館へ問い合わせ。
アクセス：鉄道利用：近鉄大阪線下田駅下車西へ徒歩約8分。JR和歌山線香芝駅下車西へ徒歩約12分。車利用：西名阪自動車道香芝ICから国道168号を南へ約2.5km直進、香芝市藤山香芝市役所前交差点北東角。施設駐車場有。

> 二上山博物館は3つの石（サヌカイト・凝灰岩・金剛砂）と人々の暮らしをテーマに、歴史的風土と自然の特徴を親しみやすく視覚に訴えた博物館です。

Message メッセージ

43 葛城市歴史博物館

⊙Summary 概要

　旧新庄町歴史民俗博物館が2004年に新庄・當麻両町が合併し、葛城市が誕生したことにより、新たに2004年現名称の葛城市歴史博物館として開館した。旧當麻町が保管・管理してきた資料などを加えることで、常設展示を中心により充実した内容に刷新して再スタートした。

　館内に足を踏み入れると、エコフロアーに葛城地域全体のパノラマ写真が展開し、地勢や自然環境が手にとるように体感できる。またCGを使った大型映像で、葛城地域の歴史文化遺産の概要を紹介している。展示は文書などの歴史資料や葛城市内から出土した考古資料、民俗資料をはじめとした、今日まで伝え継がれてきた文化財を紹介している。縄文時代から主に中世まで、時代を追ってこの地域の歩みが理解できるように構成されている。近世の展示では當麻寺など寺院や、交通や旅にともなう宿泊のほか、薬業など地域の生活とともに、信仰や産業に関わる史料にも見るべきものがある。

◤Deep 詳しい解説

盆地を見下ろす歴代遺跡　ここでは展示の核となっている古代を

▷館内展示風景

中和

43 葛城市歴史博物館　主な展示 ↓ 歴史・考古（地域）・民俗

中心に、時代を追って順に見てゆこう。縄文、弥生、古墳時代を通じた古代の遺跡のなかで、最も存在が広く知られていて、学術的にも取り上げられることが多いのが竹内遺跡で、古くから地域の蒐集家や研究者によって、発掘調査も実施され注目されてきた。遺跡は南北に連なる葛城山系から派生する丘陵山麓の一角にあって、大阪府との府県境を越える竹内峠を下った扇状地頂部に位置する。この地は東西の交通の要衝という地理的環境にあり、眼下には広大な奈良盆地が一望できる。近年は道路建設などにともなう発掘調査が遺跡の各所で実施され、多数の遺物が出土してそれが展示にも反映されている。県内では事例の少ない縄文時代前期の資料や後期中葉のほか、晩期前半から中葉の資料などが特に充実している。ただし、1930年代に採集された資料の中には縄文時代草創期の有茎尖頭器があり、足跡はさらに時代が遡ることが確実である。

　弥生時代の資料も先に取り上げた竹内遺跡の出土品に、中期前半の土器が中心となる纏まった資料がある。そのなかには絵画土器が含まれているほか、紀伊地域の特徴をもった甕など非在地系の土器も少なからず存在する。また同時に出土した石器をみると、サヌカイトの原産地である二上山北麓に近いという事情を反映して、特に石器製作活動が盛んであったことが、圧倒的多数の原材、剥片、砕片の出土によって証明される。

　王者の棺　古墳時代には、中期の首長墓として前方後円墳の屋敷山古墳（国史跡）が造営される。市域における古墳文化の盛期を象徴する古墳で、ここからは播磨産の竜山石を使用した石棺が出土している。館内に展示されているこの長持形石棺は王者の棺と呼ばれるに相応しく、重厚で巧みな作りが充分な迫力を感じさせる。当時天皇家との姻戚関係によって、勢力を伸長させたとされる古代葛城氏の動向の一端を見る思いがする。古墳時代後期には多数の群集墳が築造されるのもこの地域の特色だが、総数200基余りが群集する

↙ 屋敷山古墳の長持形石棺

中和

43 葛城市歴史博物館

寺口忍海古墳群の鍛冶具、鉄滓、鋳造鉄斧など出土品からは、被葬者の性格や時代背景を窺うことができる。これに関連して市内の脇田集落のはずれには、忍海氏の氏寺として7世紀末前後に創建された地光寺跡がある。珍しい鬼面文軒丸瓦が出土したことでも知られ、近接する脇田遺跡から多数の鍛冶技術に関わる遺物が出土していて、朝鮮半島の渡来系技術者を抱えていたとされる忍海氏の活躍が窺える。

古墳時代の集落遺跡の資料は先に記した竹内遺跡から、この地域では資料にあまり恵まれない庄内式土器と布留式土器が得られている。また古墳時代中期には多数の初期須恵器や韓式系土器が出土していることが注目され、大和から河内へ通じるルートの要衝に位置していることから、物流拠点としての役割を担っていた集落という評価もされている。時代は下るが竹内遺跡からは、「井部」と「井」と書かれた8世紀前半の墨書土器が出土していて、展示室で見学することができる。井部や井は井氏に繋がる氏族集団の名称と考える見解もあり、中国西安で墓誌が発見された日本人留学

寺口忍海古墳群出土の人物埴輪 ▷

◁「井部」と書かれた墨書土器

生井真成(734年死亡)との関係も注目されており、井氏や井真成の出自という興味ある議論に一石を投じた資料でもある。

山麓の古代寺院　7世紀後半には縁起を彷彿させる白鳳期の石造如来坐像が出土した石光寺の創建を皮切りに、先の地光寺をはじめ、加守廃寺、當麻寺、只塚廃寺などが相次いで造営される。創建には天皇家やこの地で勢力を誇った當麻氏などが関わったものと推定されるが、展示されているこれら各寺院から出土した屋瓦の型式や文様の特徴から、当地の古代寺院の関係や成立事情などを考えることができる。なお地光寺については、最近行われた8世紀前半に移転された地光寺西遺跡の発掘調査で、溝や板塀や門などが確認され、寺院の伽藍と寺域に関わる構造が明らかにされている。

地域支配と山城　大和では平安末期から鎌倉時代にかけて守護の役割を担っていた興福寺など有力寺院支配の下で、国人や国衆と称された大和武士が次第に台頭し、当地においても実質的支配権を握り勢力を伸張してくる。戦国時代にはいると、壬申の乱で功績を上げた置始菟を祖と称した布施氏がほぼこの地域を支配下に治める。大和でも有数の規模を誇る山城である布施城は、展示室に模型が復元されており、縄張りの全容がよくわかる。後に大和に乱入した松永久秀を迎え撃つため、布施氏は筒井順慶とともに難攻不落といわれたこの布施城に篭って備えた。目まぐるしく変容する中世の複雑な支配構造が、展示品を通して理解できるように配慮されている。

(写真6点○葛城市歴史博物館所蔵)

布施城の立体模型 ▷

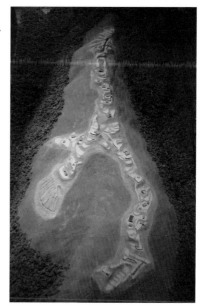

近世では「敬白天罰起請文之事」や「中将姫一代記」など當麻寺に関する文書や、布施氏に替わってこの地を治めた桑山氏のほか、農村地域としての様々な分野に関する古文書や絵図などの史料が展示されている。桑山氏をはじめとする領主による支配の実態と庶民の生活を知る上でも貴重な史料や展示品が並べられている。

中和

43 葛城市歴史博物館

○Information 基本情報

名　　　称	葛城市歴史博物館
開　館　年	2004年
住　　　所	〒639-2123 葛城市忍海250-1
電　　　話	0745-64-1414
Ｈ　　　Ｐ	http://www.city.katsuragi.nara.jp/index.cfm/13,0,31,html
休　館　日	毎週火曜日、第2・4水曜日、年末・年始
開館時間	9時から17時（入館は16時30分まで）
入　館　料	一般200円(160円)、高校・大学生100円(80円)、小・中学生50円(40円)。＊（ ）内は20名以上の団体料金。障害者と介護者は無料（「障害者手帳」の提示が必要です）。
アクセス	鉄道・バス利用：近鉄御所線「忍海駅」下車徒歩3分。奈良交通バス「忍海駅」または「忍海」で下車徒歩5分。車利用：国道24号線「忍海北」交差点西へ、近鉄御所線の踏切を渡って左手。施設駐車場有。

◁ 葛城市歴史博物館

> 葛城地域には、興味深い歴史がたくさん眠っています。それらを知るきっかけとして、ぜひ当館へ脚をお運びください。

Message メッセージ

水平社博物館

⊙Summary 概要

　本館は水平社の発祥地で、人権のふるさととして親しまれている御所市柏原にあり、全国水平社の創立前史と水平社の活動の歴史とその意義を、展示や関連資料などを通して紹介している。1998年の開館以来今日まで人権問題の啓発と、人権情報を発信する拠点としての役割りを担っている。

◤Deep 詳しい解説

人権のふるさと　常設展示では7つの項目を立てて、水平社の辿ってきた歩みを紹介している。

「雲間の曙光」のコーナーでは近世の幕藩体制が終わりを告げるが、近代になっても人権問題が残された当時の現状を、産業や教育環境などを通して解説する。また差別撤廃を目指した運動の実態は、「穢多」・「非人」の称を廃止し、身分・職業共平民同様とした明治4年（1871）の高取県（1867〜1871、現高市郡高取町）の「解放令」など、関連資料を用いて詳しく紹介されている。

水平社の胎動と広がり　水平社が産声を上げるまでには、坂本清俊や巽数馬ら柏原の指導者たちによって部落改善運動がおこされた。大正元年（1912）の大和同志会の、自主的部落改善運動へ発展していった経過や大正9年（1920）の燕会結成から水平社創立に向う

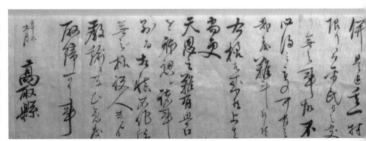

▷「解放令」と「高取県布達」

↓大和同志会の指導者たち（右端・創立者坂本清俊）

中和

44 水平社博物館　主な展示 ↓ 歴史（近現代）

経路が「かすかなる胎動」と「若き力が集まるとき」の展示で時系列に従って紹介されている。

　大正11年（1922）京都の岡崎公会堂で創立大会が開催され、全国水平社の姿勢と行動を示したものが、その綱領と宣言に集約されていて、わが国における最初の人権宣言であるとされる。水平社を中心として差別との闘いの歴史は「よき日よ　君の手を」、「遥かなる水平の方に」のコーナーのなかで詳しく説明されており、たとえば毎年のように開催された全国大会の議案や、機関誌『水平』、『水平新聞』などによって克明に知ることができる。なかでも政府への声

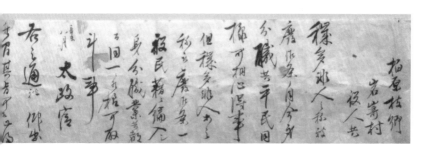

▷ 全国水平社創立発起者集合写真

明文、差別事件に関するビラ、水平社の日誌、投稿原稿などのほか、当時の大会会場の写真やポスターなどの展示物が、いかに差別撤廃への改革運動が苦難の道程であったかを教えてくれる。

　水平社運動は活動家たちの下に団結し、幾多の闘争事件や差別事件を通じて、人が人として生きる正当な権利の獲得に向けた行動であった。「大空から日輪を」の展示では、水平社を支えた人々に焦点を当てている。全国水平社創立者の1人で各地の水平社創立に大きな役割を果たし、国際的な視野をもって活動した米田富や、差別からの解放のための水平社創立の歴史的な意義を唱えた阪本清一郎ら、部落差別撤廃を推進した活動家たちの足跡を詳しく語る展示内容で構成されている。

☆Memo メモ

　博物館では人権に関する書籍や博物館オリジナルグッズ販売のほか、特別展示室では年3回「特別展」や「企画展」などを開催、人権教育のより一層の普及に努めている。

（写真5点◯水平社博物館提供）

◁ 全国水平社運動の展開

中和

44 水平社博物館

○Information 基本情報

名　　称：水平社博物館
開　館　年：1998 年
住　　所：〒 639-2244 御所市柏原 235-2
電　　話：0745-62-5588
Ｈ　　Ｐ：http://www1.mahoroba.ne.jp/~suihei/index.html
休　館　日：毎週月曜日・毎月第 4 金曜日（祝休日の場合は開館し、翌日休館）、年末・年始
開館時間：10 時から 17 時　（入館は 16 時 30 分まで）
入　館　料：大人 500 円(400 円)、中・高校生 300 円(150 円)、小学生 200 円(100 円)。
＊（　）は 20 人以上の団体。障害をもつ方は無料。
アクセス：鉄道バス利用：近鉄南大阪線・橿原線橿原神宮前駅より奈良交通バス近鉄御所駅行（系統番号 53）郡界橋下車北へ約 500m。近鉄御所線御所駅より奈良交通バス八木駅（橿原神宮駅西口経由）行（系統番号 53）郡界橋下車北へ約 500m。JR 和歌山線掖上駅下車北へ約 1.2km。車利用：京奈和自動車道御所 IC から南東約 1m。施設駐車場有。

全国水平社創立大会の様子を再現したファンタビューシアターをご覧いただき、全国水平社創立に込められた想いを感じ取ってください。

◁ 水平社博物館

45 三光丸クスリ資料館

⦿Summary 概要

 和漢胃腸薬として知られている三光丸(さんこうがん)を製造する、株式会社三光丸が開設する和漢薬の資料館。元応年間(1319〜1321)に創業が遡る三光丸は、およそ700年の歴史がある薬業の老舗として知られている。本館は「薬のまほろば館」と「三光丸こころの館」とした2棟の建物の展示室と、観覧者に開放している収蔵庫展示からなっている。展示内容は生薬開発の歴史、薬草など生薬の原料、和漢薬に関係する行事、配置薬販売の歴史、製薬道具や製薬技術などに関する知識が、興味をもって身につく構成となっている。

🢔Deep 詳しい解説

 くらしのなかの和漢薬 大和の地は古より薬と深い関わりがある。富山の薬売りは夙に有名だが、奈良県御所市や高取町も、かつて製薬と配置薬業が盛んな地であった。「薬のまほろば館」では、主に薬の歴史と薬材についての展示からなっている。古代の文献を紐解くと、大和では近隣地域での薬猟や、寺院において薬草栽培の記述が散見される。現代と変わらず医療は古代においても、人々のくらしのなかに占める重要な一分野であったことが、大和で薬草の栽培や生薬の開発が進められた理由なのだろう。この館では薬の開発やそれに携わった人の展示やビデオがあって、和漢薬の開発とあゆみを振り返ることができる。特にここでは甘草(かんぞう)、黄柏(おうばく)、千振(せんぶり)、桂皮(けいひ)など、生薬の原料である薬草や、動物由来の薬材に直接触れることができ、匂いを嗅ぐこともできる。このほか和漢薬に関

生薬の原料の薬草 ▷

中和

45 三光丸クスリ資料館　主な展示 ↓ 歴史（近現代）

◁ 伝統的な薬の製造工程や道具

する話や、薬についてのクイズなども用意されている。

薬の製造と配置薬の歴史

次の「三光丸こころの館」では昔ながらの伝統的な薬の作り方、その製造工程を現在の製造方法と対比した解説的な展示としている。丸薬の製造では、かつての木製の手動製丸機を使った作り方が展示され、現在の近代的な全自動製丸機にいたる機械改良の歴史がわかる。製造技術の進歩に関連して、薬研や乳鉢のほか唐臼など昔の製薬道具を、見学者が実際に使ってみることができ、また三光丸を薬包紙に包む作業も体験することもできる。

三光丸では現在も170余りの販売業者が中心となって、配置薬方法によって販売している。販売促進のためにかつて使

◁ 配置販売員を説明する展示

っていた宣伝紙や薬の包装紙のほか、その版木や看板などの実物も展示されていて、昔を知る見学者にとっては懐かしい。近世に始まるその配置販売の歴史を通観する展示があり、販売員の道具、衣裳、薬の配置箱などのほか、販売日記によって販売の実際をドラマ仕立てで再現して見せている。

☆Memo メモ

別棟の収蔵庫には展示品以外の資料が保管されているが、一部は一般来観者にも開放した収蔵庫展示としており、テーマを決めて随時企画展を開催している。

(写真6点○三光丸クスリ資料館所蔵)

●Information 基本情報

名　　　称	：三光丸クスリ資料館
開　館　年	：1990年
住　　　所	：〒639-2245 御所市今住606番地
電　　　話	：0745-67-0003
Ｈ　　　Ｐ	：https://www.sankogan.co.jp/kusuri-museum/
休　館　日	：土曜日（第2土曜を除く）、日曜日、祝日、年末年始。
開館時間	：9時から16時
入　館　料	：無料
アクセス	：鉄道利用：JR和歌山線掖上駅下車南へ徒歩12分。近鉄吉野線市尾駅下車北西へ徒歩19分。車利用：京奈和道御所南IC下り、国道309号を南へ約2.5km、県道133号との交差点を北へ約2km。駐車場有。

当館では、「見る」「聞く」「触れる」「嗅ぐ」「味見する」など、五感をフルに使いながら、大和の薬を学ぶことができます。

Message メッセージ

▷「三光丸こころの館」
▽「薬のまほろば館」

宇陀市歴史文化館「薬の館」

⦿Summary 概要

　宇陀市大宇陀春日から岩清水、拾生に及ぶ山塊には、豊臣家配下の大名によって改修が重ねられた織豊系城郭である史跡宇陀松山城がある。このこの山城と山塊の西裾を流れる宇陀川との間には、武家屋敷地や町人地などからなる城下町が整備された。

　現在、かつての城下には、町割の中軸線である大手筋に位置する史跡松山西口関門（にしぐちかんもん）や春日門跡がある。また、享保14年（1729）に森野賽郭によって開かれた日本最古の私設薬園である史跡森野旧薬園も残されている。

　この松山町は近世城下における商家町から在郷町として発展し、近世から昭和初期までに建てられた町屋をはじめ、石垣や水路などが一体となって歴史的風致を今日によく伝えている。これらは国の重要伝統的建造物群保存地区に選定されており、この街並みのなかに宇陀市歴史文化館「薬の館」がある。

◤Deep 詳しい解説

うだつを構えた江戸時代の商家　宇陀市歴史文化館は、江戸時代末期頃の建築とされる旧細川家住宅を、旧大宇陀町が地域の歴史資料を展示する施設として公開し、合併後の宇陀市に引き継がれて現在に至っている。建物は宇陀市有形文化財に指定されている。

　間口八間半の規模の主屋建物正面の屋根を見上げると、天保年間に販売していた「人参五臓圓」や「天寿丸」という薬銘柄が書かれた銅板葺唐破風付看板が目に飛び込む。三列間取りの主屋玄関を入ると

◁ 薬種銘柄の看板

▷館の平面図　〔本館1館〕＊別館や蔵など省略。　〔本館2館〕

左側に店の間を置き、玄関の奥に造られた庭の左側に居室を構える。手前には式台を備えた商用の玄関を設け、座敷列は屋根が一段高くつくられている。庭のさらに奥は板の間と竈からなる大きな台所で、左手奥には和室と廊下で繋がっている内蔵がある。このほか裏庭には現存する2棟の外蔵と、さらに別の蔵の存在を示す跡があり、居室の奥には近代以降に増築されたとされる座敷がある。二階は通りに面して矩形の大型の虫籠窓があけられ、軒下にはうだつを構えている。

薬猟に始まる宇陀の薬業　薬業に関する展示を見てみよう。『日本書紀』推古期には菟田野における薬猟の記事がみえ、宇陀の大野は飛鳥時代から薬草や鹿角などを採取する地であった。このような伝統をもつ大宇陀は、古くから薬草の栽培も盛んで、薬の町として知られ、江戸時代の最盛期には50軒を越す薬問屋が軒を並べたといわれる。なかでも細川家は19世紀はじめの文化年間には、薬問屋として商いしていた中心的な存在であり、広く販売を手掛けていたことで知られていた。展示品には現地の薬草を原料とした生薬のほか乳鉢や薬研などの製薬道具があり、また近世の薬看板に混じって、ちょっと懐かしい「浅田飴」、「救命丸」、「猫イラズ」、「サラリン錠」などの看板や包装紙もある。藤澤樟脳の鐘馗像の看板も置かれているが、現在も鐘馗は商品のマークとして引き継がれている。このほかに道中湯沸かし器、運搬用曲物容器の行器、銭函、香盤時計という抹香を使った火時計な

近世の薬看板 ▷

（写真4点○宇陀市歴史文化館「薬の館」所蔵）

◁ 藤澤樟脳の鍾馗像の看板

薬商いに関する道具類が並べられている。

　往時の住宅の規模や配置は、現在の建物を大きく上回ることが絵図によって明らかで、商家としての威容を誇っていたことが窺える。細川家に残る古文書には慶応2年(1866)、新撰組の参謀伊東甲子太郎(かしたろう)と、隊士山崎烝(すすむ)が宿泊した記録が見える。なお細川家二代目である治助の次女の長男・友吉は、藤澤家の養子となり、後の藤沢薬品工業（現：アステラス製薬）を創業しているほか、宇陀出身の薬業関係者にはロート製薬を創業した山田安民、中将湯本舗津村順天堂（現：ツムラ）を創業した津村重舎(じゅうしゃ)、笹岡薬品を創業した笹岡省三などが知られている。

中和 46 宇陀市歴史文化館「薬の館」

○Information 基本情報

名　　　称：宇陀市歴史文化館「薬の館」
開　館　年：1992年
住　　　所：〒633-2174 宇陀市大宇陀上2003
電　　　話：0745-83-3988
Ｈ　　　Ｐ：http://www.city.uda.nara.jp/bunkazai/shisetsu/bunka/oouda-rbk.html
休　館　日：毎週月曜日・火曜日（その日が国民の祝日及び休日である場合は、その翌日）、12月15日から翌年1月15日
開館時間：10時〜16時
入　館　料：大人300円(200円)、小中学生150円(100円)。
　＊（ ）は15人以上団体料金。
アクセス：鉄道バス利用：近鉄大阪線榛原駅下車奈良交通バス南口2番・3番大宇陀行バス大宇陀高校前下車徒歩約10分。車利用：国道166号宇陀市大宇陀拾生交差点（道の駅宇陀路大宇陀）の東約100m交差点を北折し約600m。施設駐車場有。

> 藤沢薬品工業のシンボルの大きな鍾馗像。かつては東京支店の屋上から街を見渡していました。魔除けでもある鍾馗さんが皆様のお越しをお待ちしています。

Message メッセージ

◁ 宇陀市歴史文化館「薬の館」

47 大亀和尚民芸館

⦿Summary 概要

　京都紫野にある臨済宗大徳寺の塔頭、如意庵を復興し住職をつとめた立花大亀師(1899〜2005)は、宇陀市大宇陀迫間に松源院を再興した。その際、師がそれまでに蒐集した美術品を収蔵・展示するため松源院民芸館を開館したが、その後に名称を大亀和尚民芸館に改めて現在にいたる。

　松源院は江戸時代初期から代々当地の庄屋をつとめた山岡家の茅葺の大屋根をもつ住宅(奈良県指定有形文化財)を譲り受け、禅寺に修復し修業道場として再興されている。同寺境内東側に一般財団法人大亀和尚民芸館が運営する白壁土蔵風の民芸館本館が建つ。

🅺Deep 詳しい解説

受け継がれた地域の民俗文化　展示室は民芸館本館1階と2階があてられ、1階には旧山岡家に伝えられた生活の道具のほか、飾り棚、駕籠、人力車、農機具をはじめとした多数の民具が展示されていて、宇陀地域特有の地勢や気象環境のなかで育まれた、伝統的な民俗・習慣や、生業・生活の特色を知る上で貴重な資料となっている。木綿栽培に関するコーナーには綿繰りや綿糸紡ぎの道具が展示されていて、地区内の学校教育の場で、綿繰、弓綿打ち、綿筒、糸紡ぎの工程の実演に使用することもある。地域に受け継がれてきた文化を学ぶ上で欠かせない民俗資料が、失われることなく大切に保管されている。

人間国宝の茶器　2階が主に美術品の展示室となっていて、大亀和尚

▷館内1階展示風景

館内2階展示風景▷

47 大亀和尚民芸館

主な展示 ↓ 民俗・歴史（近現代）

が好んだ茶器を中心とした美術品が並び、館の展示の中核をなしている。古唐津の陶工技術を復興し、国の重要無形文化財に認定された中里太郎右衛門の茶器をはじめ、同じく人間国宝で曜変天目（ようへんてんもく）の技法研究から、木の葉天目茶碗を完成させた石黒宗麿、名陶ラスター彩の復元を手がけた加藤卓男、実業家の陶工で知られる川喜田半泥子のほか、大亀和尚への師事を契機として、わびさびの美を追及した杉本貞光の織部や信楽、石田陶春（女流）の丹波の茶碗や花入れなど、近現代の陶工の名品が展示されている。ほかに大亀和尚の著書や墨蹟「無心帰大道」などゆかりの品々も展示されている。

◁杉本貞光の花入れ（はんでいし）（信楽）

☆Memo メモ

地域交通の発達　展示室には大宇陀地区が近現代に歩んできた足跡でもある地域の歴史資料や、この地区が輩出し各界で活躍した人物に関する文書や写真などの資料も並ぶ。特に鉄道の時代になっても、大宇陀は鉄道沿線から遠く離れた、交通に恵まれない地域にあり、人の移動や物資の流通に不便で、地域産業の発展にも大きな障害となっていた。そこで大正6年（1917）、松山自動車商会が宇陀郡松山町から桜井まで約13kmの区間でバスの運行を始めた。この奈良県における最初の路線バスに関係する資料が展示されている。

✦Academic 学術

裏山の横穴式石室　宇陀は山間部にありながら、古墳の比較的多

▷ 香久山古墳出土須恵器
（左：直口壺
　右：台付長頸壺）

▷ 香久山古墳の石室内部

（写真6点〇大亀和尚民芸館所蔵）

い地域である。本館の裏山の程近い場所に、香久山古墳という直径18mあまりの6世紀後半ごろの造営とみられる円墳、もしくは前方後円墳の可能性がある古墳が現存する。この古墳は玄室長3.9m、羨道長4.7mの両袖式の南に開口する横穴式石室をもち、石室からは土師器・須恵器・鉄鏃・耳環などの副葬品と鉄釘が出土していて、その主なものが民芸館で展示されている。

⊃Information 基本情報

名　　　称：大亀和尚民芸館
開　館　年：1980年
住　　　所：〒633-2221 宇陀市大宇陀迫間422-1
電　　　話：0745-83-3867
Ｈ　　　Ｐ：http://www.daiki-mingeikan.or.jp/
休　館　日：毎週月曜日（月曜日が休日の時は翌日）、年末年始、展示替期間、冬期の随時
開館時間：10時から16時
入　館　料：無料
アクセス：鉄道バス利用：近鉄大阪線榛原駅下車、奈良交通バス大宇陀行き大宇陀高校下車、西へ徒歩約15分。車利用：国道166号宇陀市大宇陀迫間の大宇陀高校西交差点を西折し約600m。駐車場（松源院敷地）5台。

宇陀の昔が残る静かな佇まいを見せ、春はさくら、夏はほととぎす、秋は紅葉を満喫でき、入場無料で休憩所やささやかな茶席も、自由に利用頂けます。

Message メッセージ

◁ 大亀和尚民芸館

南和 なんわ

☑Characteristic 特徴

奈良県南部（令制大和国南部）。
御所市、五條市、吉野郡吉野町、天川村、川上村、十津川村などを含む地域。
和歌山県の紀の川に続く吉野川沿いの歴史、修験道の根本霊場として知られる大峰山脈、森と水の自然環境、南朝ゆかりの資料などが目を惹く。

⌇Model 観光ルート例

 山と川を走る！ **歴史と修験道の旅**

① 五條北IC → ② 吉野歴史資料館 50 → ③ 宮滝遺跡 → ④ 森と水の源流館 51 → ⑤ 金峯山寺 → ⑥ 吉野水分神社 → ⑦ 天川村立資料館 52 → ⑧ 山上ケ岳歴史博物館 52 → ⑨ 五條北IC

（車40分／隣接／車15分／車40分／隣接／車60分／隣接／車60分）

 歴史めぐり！ **五條と十津川をめぐる**

① 五條IC → ② 市立五條文化博物館 48 → ③ 五條新町通り散策 → ④ 賀名生の里 歴史民俗資料館 49 → ⑤ 堀家住宅 → ⑥ 谷瀬の吊り橋 → ⑦ 十津川村歴史民俗資料館 53 → ⑧ 玉置神社 → ⑨ 五條IC

（車10分／車15分／車20分／隣接／車50分／車30分／車40分／車120分）

＊所要時間は目安です。当日の交通状況・混雑等ご確認のうえ、余裕をもってお出かけください。
＊冬期は開館日が異なることがあります。

◻ Map 地図

48 市立五條文化博物館 ごじょうばうむ
49 賀名生の里 歴史民俗資料館
50 吉野歴史資料館
51 森と水の源流館
52 天川村立資料館
53 十津川村歴史民俗資料館

吉野・天川・川上周辺

48 市立五條文化博物館
ごじょうばうむ

⦿Summary 概要

　五條市の歴史と文化を紹介する博物館は、五條市郊外の中葛城山南麓丘陵裾に立地している。3階建ての博物館の建物は、奇抜な円形のメタリックな装いで、展示室への導線と吹き抜けのある展示室空間に特徴がある。全体がバームクーヘンの一部を切り取ったかたちをしていて、愛称で「ごじょうばうむ」と呼ばれている。

　常設展示は3フロアからなり、時代を追ってこの地域の歴史が通観でき、かつ地域の特徴ある文化のテーマを抽出して、具体的な文化財を通して理解できるような構成になっている。

◤Deep 詳しい解説

藤原氏と榮山寺　3階のエントランスには榮山寺（国史跡）を創建した父藤原武智麻呂の菩提を弔うために、その子仲麻呂が建立した国宝八角堂に描かれた天平絵画（重要文化財）の世界が光を利用した天井部の装飾として再現されている。八角堂の内陣の柱や天井裏板には、菩薩図のほか飛天、神仙図、宝相華文（ほうそうげもん）など、当時の大陸の影響を受けた題材や意匠が荘厳に描かれ、遺例が限られる貴重な奈良時代の絵画と評価されている。榮山寺は南に神仙境とされた吉野の山々を間近に望む特別な場所にあり、都から遠く離れたこの地に造営された菩提寺に遺る芸術品は、かつての栄華を誇った藤原氏の権勢を彷彿させる。

吉野川流域の文化の幕開け　2階は市内から出土した考古資料や金

◁ 榮山寺八角堂内陣の
　華麗な装飾画の再現

石文のほか文書資料などを、「五條文化の始まり」、「五條の古墳時代」、「都と五條」、「五條地域の荘園と武士」などのテーマごとに、地域の歴史が時代を追って展示構成されている。

　五條の先史時代は近年の発掘調査によって充実してきた考古資料が雄弁に語ってくれるが、そこでのキーワードはやはり紀の川・吉野川の存在である。縄文時代の展示では市内上島野遺跡や佐名伝(さなて)遺跡などの出土品が充実していて、流域の環境から得られる自然の恵みを利用した生業活動や、土器や石器素材などの具体的な資料をもって地域間の交流が語られる。弥生時代の展示は大和盆地や紀の川下流域の弥生文化と比較して、稲作以外にも重きを置いた生業体系からなる山間部の弥生文化の特質を際立たせた内容となっている。市内には、吉野川流域有数のいずれも中期に集落が隆盛した、中遺跡や原遺跡の竪穴住居や方形周溝墓(ほうけいしゅうこうぼ)などからの出土品がその事情を明らかにしている。

鍛冶と窯業の先進技術　五條地域の古墳文化の特質は、古墳時代中期の動静から探ることができる。この地域の首長層の存在は、大型円墳や方墳で構成される近内古墳群の出現に表れ、塚山古墳の鹿角装鉄剣や今井1号墳の鉄刀など、確かな鍛冶技術に裏打ちされた豊富な鉄製の武器・武具や農工具類の副葬品によって知ることができる。なかでも、猫塚古墳出土の蒙古鉢形眉庇付冑(まびさしつきかぶと)や金銅製龍文帯金具など大陸系文物の出土は、紀の川ルートにおける大和の玄関口としての要衝を押さえていた勢力の伸張を表している。鉄鉾や鉄製金銅張馬具類が出土した後期の横穴式石室墳である南阿田大塚山古墳(みなみあだ)は、紀の川下流域との強い繋がりが石室構造に表れており、地域勢力の動行が関係しているのだろう。また7世紀中葉前後に築造された勘定山古墳からも、小型の竈と甑のミニチュア炊飯具が出土していて、この地の朝鮮半島との繋がりが窺える。

　律令制が敷かれた飛鳥・奈良時代に至って、宇智郡に属したこの

南和

48 市立五條文化博物館 ごじょうばうむ　主な展示 ↓ 歴史(地域)

◁ 出屋敷火葬墓1号墓出土の鉄板（上）
2号墓出土の水晶片・神功開宝（下）

地域では、窯業の台頭に注目できる。飛鳥の主要寺院や藤原宮へ瓦を供給した瓦窯が五條市域に集中していて、当時の大和における一大窯業地であった。なかでも川原寺の創建瓦を生産した荒坂瓦窯、藤原宮や本薬師寺と同笵（同じ鋳型）の軒平瓦を出土する牧代（まきだい）瓦窯、飛鳥時代の鴟尾を生産していた今井天神山瓦窯などがあり、当期の瓦研究の基準となる瓦窯出土の屋瓦資料が展示されている。

貴族や官人の墓所 都が平城京に遷都された頃から、支配層の墳墓は墳丘を大きく築く高塚から火葬墓へと転換が図られる。五條周辺の丘陵地帯からは、かつて山代忌寸真作（やましろのいみきまさく）や楊貴（ようぎ）氏の墓誌が発見されたことが知られているが、近年当地では発掘調査によって、新たに2基の奈良時代火葬墓が発見された。この出屋敷火葬墓からは須恵器の外容器と薬壺形容器と水晶片、神功開宝、鉄板が出土し、当時の葬送や埋葬に際しての思いや観念が窺える。展示室では山代忌寸真作墓誌の復元実験による、製作技術研究の成果も紹介されている。五條は当時栄華を誇った藤原南家の所縁の地であり、佐保山で火葬された藤原武智麻呂の墓が、市内小島町へ改葬され現在史跡に指定されているなど、宇智郡は奈良時代の貴族や官人などが、墓所として認識していた地域のひとつであったとみなされる。博物館では先に触れた榮山寺に伝えられる延喜17年（917）の銘がある梵鐘の研究を進め、金石文に毛筆文字を表現する技術として、複雑なろう切抜き技法の工程を明らかにしている。

交通の要衝としての街の発展 2階の「五條地域の荘園と武士」を

テーマとした展示は、関連文書を中心に中世から近世の歩みを描き出す。平安時代以降、当地は興福寺に代表される寺院支配下で、荘園開発が進められるが、南北朝の動乱期に入ると、南朝方を支えた当地の武士の活躍が顕現化する。このような動きを示す文書のほか、鉄胴丸や槍など名門家に伝えられた武器・武具類なども揃えた展示としている。

1階は「近世の五條」、「近代への胎動」のテーマを扱っている。慶長13年(1608)二見城主として松倉重政が五條に入部し、現在の新町の街並みに繋がる町場の整備が行われ、市が立つなどして繁栄の基礎ができる。大坂夏の陣以降、近世を通じて幕府直轄地として歩むことになる五條には、寛政7年(1795)幕府代官所が設置される。代官からの命令を記録した『寛政7年御用留日記』や、代官所建設に際しての備品や日常品の購入を記録した『三郡入用割賦帳』などから、天領による支配の実態が具体的にわかる。このほか吉野川沿いに開発された耕地を詳細に描いた享保8年(1723)の個人蔵「滝村碁盤絵図」や、安永8年(1779)「新町村明細帳」には、その頃の村の家族や人口のほか産物などが細かく記録されている。

またかつては舟運の陸揚げ地として交通の要衝であった五條は、寛永8年(1631)に下流の商人が舟運を独占したことに対抗して、幕府に願い出て馬借所(ばしゃくしょ)の設置を果たす。陸運の道を開くことで街道は再び賑わいを取り戻し、馬借所の規則を定めた『高札』や、馬借所の運営費用負担を争った訴訟判決記録である『馬借所出入被仰渡書付写』によってその事情が確認できる。このほか幕末の天誅組の資料や、近代化への歩みを語る五條の歴史資料の展示も充実している。

その後現代に到るまでを「近代へ

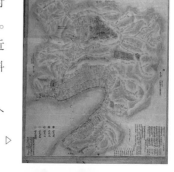

「滝村碁盤絵図」(高嶋家文書) ▷

南和

48 市立五條文化博物館 ごじょうばうむ

の胎動」として発展的に結んでいる。ここでは数多く遺された文書資料や、近年の多様な媒体データも使って地域の歴史や、懐かしいひと昔前の五條を紹介している。また地域の人々の慣習や信仰と生活に根付いた伝統的行事にも触れ、重要無形民俗文化財に指定されている念仏寺の「陀々堂の鬼はしり」や、宮座の祭礼である「御仮屋」など代表的な地域行事を解説している。今日までいきづく地域文化を大切にした結束や帰属意識が展示から伝わってくる。

☆Memo メモ

常設展示室以外に特別展示室や小劇場風の映像室などでは、地域文化の舞台である山懐に抱かれた地勢や自然環境をはじめ、紀の川・吉野川の流域にあって、大和と紀伊を繋ぐ地理的環境の下で育まれた、当地の特色ある歴史や文化の概観を紹介している。

(そのほか写真4点〇五條市教育委員会所蔵)

●Information 基本情報

名　　　称：市立五條文化博物館
開　館　年：1995年
住　　　所：〒637-0091 五條市北山町930-2
電　　　話：0747-24-2011
Ｈ　　　Ｐ：http://www.city.gojo.lg.jp/soshiki/bunka/1/1/1233.html
休　館　日：月曜日、祝日の翌日、年末年始
開館時間：9時から17時（入館は16時30分まで）
入　館　料：一般300円(240円)、高校・大学生200円(160円)。＊( )は20名以上の団体料金。中学生以下は無料、障害者手帳等をお持ちの方とその介添者1名は無料。
アクセス：鉄道バス利用：JR和歌山線五条駅下車、駅北口から奈良交通バスで田園1丁目下車、北へ約1.5km。車利用：京奈和自動車道五條インターチェンジを降り五條インターチェンジ前交差点を左折、国道310号中之町北交差点を右折、県道261号を道なりに約3km。施設駐車場有。

> 展示室では、古墳出土冑の復元品や土器のパズル、俵かつぎも楽しめます。安藤忠雄氏設計の建物はちょっと迷路かも。隣の五万人の森公園もお勧めです。
>
> Message メッセージ

◁ 市立五條文化博物館

49 賀名生の里 歴史民俗資料館

⊙Summary 概要

　五條市賀名生は後醍醐天皇の南朝と深い関わりのある地で、建武の新政が崩壊し足利尊氏に追われた天皇が幽閉先の京都を脱し、吉野へ向かう途中に一時期ここ賀名生に滞在している。また後を継いだ後村上天皇は、戦乱によって吉野が焼き討ちに遭った際、賀名生に行宮を置き、その後もたびたび南朝の重要な拠点のひとつとされた。真言密教へ深く帰依していた後醍醐天皇にとって、吉野とともに総本山高野山に近いこの地は大事な場所であった。当地賀名生の地名については、古くは穴生と記されていたと伝えるが、正平6年(1351)、北朝との間で一時和議がなった際、後村上天皇は願いが叶ったとして、加名生と称したことに由来するともいわれる。

　町家風建築の歴史民俗資料館は、奈良の3大梅林のひとつ賀名生梅林が広がる丹生川の畔に立地し、西吉野地域の歴史と文化を紹介する施設である。併設する伝承館では資料館に関連する講座や講演会などの文化行事も行われる。

↖Deep 詳しい解説

堀家に伝わる後醍醐天皇ゆかりの品々　展示のテーマのひとつである「地域の歴史・南朝の歴史」では、この地域としては欠かせない大覚寺統南朝に関係する資料が中心になる。後醍醐天皇ゆかりの多くの資料が存在するが、その多くは地域の郷士であった堀家に、代々宝物として継承されてきたもので、現存資料のなかでも最古級ともいわれる天皇から下賜された

南和

49 賀名生の里 歴史民俗資料館　主な展示 ↓ 歴史(中世・幕末)・民俗

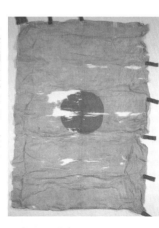

▷後醍醐天皇から下賜されたと伝わる日の丸の御旗

◁ 天誅組吉村寅太郎書の「皇居」扁額

と伝わる日の丸の御旗をはじめ、一節切笛、駅鈴などのほか、楠木正行の陣鐘も南朝の展示のなかに見られる。

いまひとつは、当地も戦場のひとつとなった幕末の天誅組に関する資料が充実しており、志士吉村寅太郎の筆になる「皇居」の扁額、玄米差出証文、大日川村焼失絵地図などが解説とともに並べられている。

旧西吉野村の民俗資料

旧西吉野村の伝統的なくらしを紹介するテーマ「西吉野のくらしと文化」では、地域の民俗資料を中心に展示されていて、山深く厳しい自然環境のなかで、主に林業と農業を中心とした生業に関する道具類が展示されている。このほかすすき献灯や嫁入り籠など、この地の行事や祝祭礼に用いられた道具などもあって、かつての山村のくらしのなかにみる独特な慣習や習俗が紹介されている。

館内では「賀名生行宮物語り」と題した天皇と里人の物語を演じた映像シアターで、南朝の歴史と賀名生との関わりを紹介する。また脚本家・小説家として名高い直木三十五が、この地の小学校の代用教員として奉職した際の、自筆の履歴書など珍しい資料も展示されている。

☆**Memo** メモ

南朝の皇居と伝える堀家住宅　資料館に隣接して国の重要文化財に指定された建造物の堀家住宅がある。後醍醐天皇が延元元年（1336）京都を脱して吉野へ向かう途上に西吉野に立ち寄った際、天皇を手厚くもてなした当地の郷士堀孫太郎信増の住宅は、後に後村上天皇や後亀山天皇の皇居にもなった。なお堀家住宅は2019年春に宿泊施設、カフェレストランとして活用が始まる予定。付近に

（日の丸の御旗・「皇居」扁額○堀丈太氏所蔵・五條市教育委員会保管・五條市賀名生の里歴史民俗資料館展示　堀家住宅○堀丈太氏所蔵　資料館外観○五條市教育委員会提供）

◁ 賀名生行宮跡とされる重要文化財の堀家住宅主屋

は伝承北畠親房墓や黒木御所の跡とされる華蔵院跡など、周辺にも南朝に関わる見所が数多い。

南和

49 賀名生の里 歴史民俗資料館

◯Information 基本情報

- 名　　　称：五條市賀名生の里 歴史民俗資料館
- 開　館　年：2004 年
- 住　　　所：〒 637-0117 五條市西吉野町賀名生 5 番地
- 電　　　話：0747-32-9010
- Ｈ　　　Ｐ：http://www.city.gojo.lg.jp/soshiki/bunka/3_1/3462.html
- 休　館　日：月曜日、祝日の翌日と年末年始（12 月 29 日〜翌年 1 月 3 日）
- 開館時間：9 時から 17 時まで（入館は 16 時 30 分まで）
- 入　館　料：大学生・一般 300 円（団体 240 円）、高校生 150 円（団体 120 円）、小学生・中学生 100 円（団体 80 円）。＊団体は 20 人以上。障がい者手帳等を提示の方とその介添者 1 名は無料。市内の小・中・高等学校の児童生徒および引率者が校外学習などの学習活動として入館する場合は無料（減免申請が必要）。
- アクセス：鉄道バス利用：JR 和歌山線五条駅下車駅南口奈良交通バス新宮駅、十津川温泉、城戸方面行きで賀名生和田北口下車（所要時間約 20 分）北西へ約 100m。車利用：国道 24 号五條市本陣交差点から国道 168 号を南下資料館まで約 7.5km。施設駐車場有。

> 西吉野地域や南北朝時代の歴史を知るうえで必見の施設です。また、ご家族で楽しめる体験講座やイベントなども企画しています。ぜひお越しください。

Message メッセージ

◁ 賀名生の里 歴史民俗資料館

50 吉野歴史資料館

⦿Summary 概要

　1930年以来最近まで断続的に実施されてきた史跡宮滝遺跡の発掘調査によって、飛鳥・奈良時代の吉野宮や吉野離宮の存在が確実視される宮滝の集落を眼下に見る段丘の高台に立地する町立の資料館である。2階の常設展示は限られたスペースだが、吉野宮に限らず宮滝遺跡のこれまでの調査成果を、発掘された主要な出土品を展示して詳しく紹介している。

↘Deep 詳しい解説

環境に適応した先史時代のくらし　宮滝遺跡は縄文時代の遺跡としてもよく知られている。近畿地方では縄文時代後期後半段階に、凹線文土器と呼ばれる巻貝による押捺文や平行線文で加飾する土器が普及し、その後半期の型式として宮滝式が設定された。常設展示では、標式遺跡でもあるこの宮滝遺跡から出土した特徴ある縄文土器（県指定有形文化財）を展示している。石鏃、削器、敲石、石皿、石錘、石鍬などの狩猟具をはじめとする生業活動に必要な道具類も揃って充実していることがわかる。最近の発掘調査では押型文土器をともなう集石遺構なども見つかっていて、吉野川流域へ縄文人

◁ 宮滝遺跡出土の縄文土器

◁ 宮滝式の深鉢土器

かけ入ったのが、縄文時代早期にまで遡ることが明らかになった。ここでは吉野杉などの植林が進められる以前の吉野川流域の自然環境や、その名残ともいえる、宮滝遺跡の下流に所在している天然記念物妹山樹叢(いもやまじゅそう)についても解説している。

弥生時代にもこの場所に集落が営まれ竪穴住居、掘立柱建物、方形周溝墓(ほうけいしゅうこうぼ)、土坑墓(どこうぼ)、壺棺などが発見された成果が展示に反映されている。僅かだが弥生前期の土器が出土しており足跡が確認できるものの、集落が最盛期を迎えたのは弥生中期の前半から中頃と考えて良い。展示された道具類を見ると、穂摘み具である石庖丁がほとんどなく、それに引き換え石鏃や、奈良盆地の弥生遺跡では石器組成に占める割合の低い石鍬が多数出土していて、縄文時代の道具立てとあまり変わらな点に注意したい。稲作文化が普及していたにもかかわらず、この地では狩猟採集に依存した生業に支えられていたことがわかる。しかし土器には棺として用いられた壺と高杯や、方形周溝墓に供献された水差形土器や高杯などにみられるように、この時代に通有の器種を揃えていたことが展示品から窺える。

✦Academic 学術

吉野宮の探求と発掘調査 飛鳥・奈良時代の展示は、とりわけ近年の画期的な発掘調査の成果を反映している。宮滝遺跡を吉野宮や吉野離宮の所在地とする考えは、享保19年(1734)刊行の『大和誌』に、吉野宮の候補地のひ

△ 弥生時代の土器棺墓

とつとして宮滝が挙げられ、また『菅笠日記』にも宮滝に宮跡の伝承があることを国学者の本居宣長が記しているほか『岩瀬の記』を著した上田秋成も宮滝に宮跡を比定するなど、江戸時代にまで研究は遡る。明治時代には吉田東伍が『大日本地名辞書』のなかで、吉野宮を宮滝としているほか、独自に宮滝遺跡の資料を蒐集していた高見村在住の木村一郎が、学界の重鎮であった喜田貞吉に自説を説いている。その後も幾多の研究者の考証や調査を経て、1930年の末

◁ 国史跡・宮滝遺跡

奈良時代の大型建物が発見された宮滝遺跡 ▽

永雄による本格的な発掘調査に引き継がれ、奈良時代の宮殿遺構と認定できる敷石遺構を中心に配置された諸遺構が検出された。

1975年からは遺跡の範囲や、構造を明らかにするための発掘調査が継続的に実施されるようになり、初めて斉明朝と持統朝の二期の飛鳥時代の遺構群と、聖武朝に大規模な土地造成を行って西側に諸施設を整備していたことがわかった。特に斉明朝には導水施設や中島を備えた苑池を中心とした庭園遺構や、それを臨む建物や塀の跡などが確認された。庭園遺構は建物群のなかに計画的に配置され導水または排水のための大型の須恵質土管（すえしつ）が用いられた本格的な施設であった。斉明天皇が積極的に取り組んだ、飛鳥における宮殿やその関連施設の整備施策と関連することも考えられ、宮滝遺跡で検出された7世紀中頃の飛鳥時代の諸施設は『日本書紀』斉明2年（656）にみえる吉野宮とするに相応しい遺構と考えて良いだろう。

飛鳥時代には7世紀末前後の掘立柱建物も確認されているが、これは都合30数度も吉野宮を訪れている持統天皇の在位中に建設されたものであろうか。資料館の展示では大海人皇子（おおあま）が壬申の乱に勝利し、天武天皇として母斉明天皇が造営した吉野宮で、皇后や皇子たちと誓った天武8年（679）の吉野盟約（よしののめいやく）の背景や、天武天皇亡き後、持統天皇がたびたび吉野宮に行幸した事情のほか、聖武朝の吉野離宮の全体推定図などを、パネルやジオラマによって解説している。このほか、発掘調査で明らかになった遺構をもとにした飛鳥時代の

◁ 吉野宮の復元模型（建物と庭園遺構）

南和

50 吉野歴史資料館

吉野宮の 100 分の 1 の復元模型なども展示されている。

☆Memo メモ

吉野の歴史ガイダンス　資料館の1階エントランス脇には、縄文や弥生時代の剝片石器の材料として利用された大きなサヌカイトの原石が置かれていて、当地と原産地（二上山北麓など）の交流があった象徴として置かれている。ほかにも吉野が出てくるマンガの紹介や、宮滝遺跡の最新の調査成果についてのガイダンスもあり、観光に訪れる際にも立ち寄って学習できる場となっている。

（写真7点○吉野歴史資料館所蔵）

⊃Information 基本情報

- **名　　称**：吉野歴史資料館
- **開 館 年**：1996年
- **住　　所**：〒639-3443　吉野郡吉野町宮滝348番地
- **電　　話**：0746-32-3081（吉野町役場にお問い合わせください）
- **Ｈ　　Ｐ**：http://www.town.yoshino.nara.jp/about/shisetsu/dentou/rekishishiryokan.html
- **休 館 日**：毎週月曜日・火曜日（祝日にあたる日を除く）、祝日の翌日（土・日曜日に重なる日を除く）は休館。
  春～秋期（3月1日～11月末日）の平日は1週間前までに要予約。春～秋期の土・日・祝日は通常開館。冬季（12月1日～2月末）は日曜日のみ開館です。
  休館日が異なるので、詳細は吉野町役場に問い合わせください。
- **開館時間**：9時から17時（入館は16時30分まで）
- **入 館 料**：一般200円（160円）、高校生以下100円（80円）、幼児以下無料。＊（ ）内は20名以上の団体料金。
- **アクセス**：鉄道バス利用：近鉄吉野線大和上市駅からスマイルバスBコースまたはやまぶきバスに乗車、宮滝バス停下車北へ300m。車利用：国道169号桜橋北詰（吉野町役場前）から東へ約4km。

見おとされがちですが、当館2Fのロールカーテンはあけることができます。眼前に象山や三船山がそびえる万葉の景色を堪能できますよ。

Message メッセージ

◁ 吉野歴史資料館

51 森と水の源流館

◉Summary 概要

　奈良県川上村にある森と水の源流館は、紀伊半島の北半を流域とした紀の川・吉野川のまさに源流に立地している。流域に暮らす人々は豊かな森と水の恩恵を受けており、同じ水系全体として人々がそれぞれの役割を果たしながら、古から今日まで繋がっている。館では恵まれたこの自然環境や動植物の生態系と、そこに住む人々の伝統的な生活や慣習などを紹介するとともに、未来へ豊かな環境と地域社会を継承することをそれぞれが考え、自覚・行動することに繋がる活動にも取り組んでいる。村では川上宣言として、水環境の維持、山と水に依る産業の維持、中・下流部の人々への自然環境保護の啓発などを謳っていて、これは館のコンセプトにも通じている。

◤Deep 詳しい解説

　神秘的な源流の世界　展示室は3つのエリアに分けられている。最初の「源流の森シアター」では、巨木がつくる鬱蒼とした源流の環境が臨場感あるジオラマで巧みに表現され、水が湧き出す神秘的な源流の世界に誘われた感覚に浸ることができる。また迫力ある川や森のパノラマ映像が、見るものに源流の森がもつ深淵な自然の姿を体感させる。「源流を目指して」のエリアは、川に生息する多様な生きものと、そこで暮らしを維持してきた人々の営みを紹介する。展示に組み込まれた水槽内には下流から上流にいたる、それぞれの流域に生息する魚類を中心にした生物が観察できる。職員によると、地域の住民の協力により、川魚の提供を受けることもあるという。

　源流の人々の営み　この山深い環

◁ 源流の森シアター

南和

51 森と水の源流館　主な展示 ↓ 自然（森・川）

境に分け入って人々が生活を始めたのは実に縄文時代早期にまで遡り、まさに彼らこそが源流を目指した最初の人類だったのだろう。その証拠が展示室に並べられている。この源流館にほど近い吉野川の左岸で発見された、宮の平遺跡の調査で出土した縄文時代早期と中期から後期に属する縄文土器や各種石器類が展示されている。そこでは現在と大きくは変わらない自然環境の下で、陸獣を狙った石鏃や川魚を捕った網用の石製錘などがあり、先人たちの生業活動が具体的に明らかにされた。また同時に発見された多数の配石や立石と呼ばれる石を用いた祭祀遺構からは、人々が結束することで集団の維持を願った、当時の儀礼行為の内容や精神世界などが見通せるという。

館で学んだ知識を持って、実際に野外に出て源流の自然と接する体験は「フィールドをめぐる」のエリアで、学習の魅力や方法を教えてくれる。また館が置かれているこの山深い山村の現状が大型マップと映像で紹介される「川上村劇場」で地域の全容と特色が把握できる。

✦Academic 学術

自然と人の共生「源流学」 川上村にはこれまで人の手が入ったことのない、ブナ・モミ・トガサワラなどで構成された貴重な森が残されている。館では巨樹・古木の調査をはじめ、外部の研究者などとも協力して、この水源地域の植生状況や動物の生態など、環境実態調査を継続的に実施し、将来にわたって保全していくことを目的とした活動を行っている。一方で自然系とは別に、地域が維持してきた伝統的な民俗文化の調査も実施している。衣食住・慣習と地域社会・芸能と信仰・昔話や伝説など、地域の生活文化を対象にした人文系の調査研究が必要なことは、館が提唱する自然を

(写真3点〇森と水の源流館所蔵)

◁ 館内展示風景

知り、先人の知恵を学ぶ「源流学」という理念に示されている。

☆Memo メモ

川上村はユネスコの生物圏保存地域に指定されている。森と水の源流館では、このフィールドを活かした森林体験学習やESD（持続可能な開発のための教育）を推進しており、出張源流教室などで学校や地域での学習支援も行っている。

屋外イベントも数多く、手つかずの源流の森に入り、その魅力に触れる「水源地の森ツアー」、源流から河口までをフィールドとした参加体験型の観察会「吉野川紀の川しらべ隊」、都市部の人たちに源流域の自然や文化を伝えるためのイベント「源流のつどい」など盛りだくさんの行事が企画されている。

○Information 基本情報

名　　　称：森と水の源流館
開　館　年：2002年
住　　　所：〒639-3553 吉野郡川上村迫1374-1
電　　　話：0746-52-0888
H　　　P：http://www.genryuu.or.jp/
休　館　日：毎週水曜日（水曜日が祝日の場合は翌日）、年末年始（12月29日～1月3日）。この他、臨時休館もあります。ご利用前にご確認下さい。
開館時間：9時～17時（入館受付16時30分まで）
入　館　料：一般400円（300円）、小・中学生200円（150円）。＊（　）は25名以上団体料金。小学生未満は無料。学校教育機関での利用は小・中学生とも一人100円（事前に減免申請書の提出が必要）。障がい者手帳、療育手帳、精神障がい者保健福祉手帳等の提示で本人無料、「介護付」スタンプがあれば介助者1名無料（団体の場合は、事前に減免申請書を提出）。
アクセス：鉄道バス利用：近鉄吉野線大和上市駅から川上村やまぶきバス、吉野町スマイルバス、南部地域連帯コミュニティバスR169ゆうゆうバスなどで湯盛温泉・杉の湯下車徒歩約5分。車利用：国道169号桜橋北詰（吉野町役場前）から吉野川に沿って南東へ約12km。施設駐車場有。

「源流の森シアター」では、普段目にすることが出来ない源流の森の姿を体感していただくため、本物の木材を用いて巨木の森をジオラマで再現しています。

Message メッセージ

◁ 森と水の源流館

52 天川村立資料館

◉Summary 概要

　山深い紀伊半島のまっただ中に位置する吉野郡天川村洞川にある天川村立資料館では、山村地域のくらしや生活一般について紹介するほか、役小角によって開かれたと伝えられることで名高い大峯山山上ケ岳など山岳信仰についての資料を展示する。

🔺Deep 詳しい解説

村の伝統的なくらしや民俗　展示の導入部では、天川村の自然環境が大峰山系の立体模型で視覚的に把握でき、山地の植生分布とその環境のなかで生息する動物を紹介している。山村のくらしと民俗のコーナーでは、地域産業の中核を担う林業について、各種伐採具や加工具など実際に使われていた山仕事道具のほか、酒樽つくりや曲げ物類などの道具が展示されていて山村の生業が理解できる。村の特産でもある黄檗を原料にした胃腸薬や、下痢止めなどに効能があるとして知られる民間薬の陀羅尼助の製造機具なども展示している。

　大峯山の歴史と信仰のコーナーでは、天川村の先史時代に関わる資料には恵まれないが、古代以来の信仰に関わる歴史が軸となっている。大峰山寺の奉納額や古文書類のほか、大峯奥駆絵図などが観覧できる。奉納額は貞享4年（1687）を最古に約300枚あり、遠隔地の寄進者の名を記した江戸前期から中期の額なども存在し、当時の大峯信仰の広い浸透を物語っている。また大峰山寺本堂は元禄4年（1691）に再建され、天保年間にも屋根の修理が行われるが、気象環境の厳しさゆえに建物の傷みが酷く、明治と昭和にも本堂の解体修理が実施されている。資料館には明治の修理で取り替えられ、続く昭和の修理で取り外された

館内展示風景▷

柱や、銅製瓦など建築部材を見学することができる。柱には表から見えない個所に、宮大工の名前や修理した年月日などが記されている資料などがあり、人の手で入念に繰り返された修理によって、信仰の場が維持されてきたことがわかる。

大峯信仰の宝庫 天川村立資料館に近い龍泉寺の向かいに位置する山上ケ岳歴史博物館では、大峯山と大峯信仰に関する貴重な歴史・考古資料を公開している。大峯修験の根本道場である大峰山寺本堂のほか、金峯山経塚など、洞川大峯山頂にある遺跡群からの出土品のほか、大峯修験道関連の資料が中心となっている。なかでも1984年に行われた大峰山寺本堂の発掘調査では、内陣の岩裂や外陣の地下などから、2体の金製の阿弥陀如来坐像と菩薩坐像を含む、銅製蔵王権現像、銅鏡、独鈷杵、三鈷杵、五鈷杵、経巻軸頭、三彩陶器など貴重な資料が発見されている。これまでにも藤原道長の経筒をはじめとした経塚に関係する近世以来の発見品や、先の本堂出土品も含む御嶽詣の際の多彩な寄進品の数々が出土していて、博物館ではその一部が展示されている。展示室の一角には本堂内陣を再現したディスプレイがあって目を惹くほか、館内では映像で神仏習合の修験道をわかりやすく紹介している。既述の天川村立資料館と合わせて、全国の修験道の中心霊場である大峯信仰の歴史概要を学べる。

☆Memo メモ

大自然へ誘うセンター 山上川に沿って東へ進むと天川村洞川エコミュージアムセンターがある。ここは吉野熊野国立公園・大峯山系の自然環境や生態系などを紹介するガイダンス機能と、地域なら

◁ 山上ケ岳歴史博物館と館内

ではの情報を発信する基地としての機能とを併せ持った施設である。展示スペースをいくつかのゾーンに分け、まず旅のはじまりで村の豊かな四季の移ろいを案内し、続いて大峯山系の大地の特徴を展示する。この地域の地形を形成する岩石や、村内にある鍾乳洞などを紹介している。山系の生きものを潤す水の流れや循環のしくみを理解し、ムカシトンボなど昆虫の生息を通して豊かな森林や河川の生態系を学習できる。

このセンターでは、実際にフィールドへ出かけるための観察ポイントや、マナーなども習得できるほか、大峯山の登山ではスリルある「西の覗き」がよく知られているが、3D映像を応用して覗きが疑似体験できるコーナーも設置されていて、来観者が見て触れて楽しめる施設でもある。

(写真4点○天川村立資料館所蔵)

○Information 基本情報

名　　　称：天川村立資料館・山上ケ岳歴史博物館
開　館　年：1986年・1999年
住　　　所：〒638-0431 吉野郡天川村洞川674-1・吉野郡天川村洞川492-1
電　　　話：0747-64-0630・0747-64-0001（大峯山龍泉寺）
Ｈ　　　Ｐ：http://www.vill.tenkawa.nara.jp/tourism/spot/museum/
休　館　日：火曜日（祝日の場合はその翌日）、冬季の12月～3月は閉館。山上ケ岳歴史博物館は不定期休で冬季は閉館（開館日・開館時間は施設へ問い合わせ）。エコミュージアムセンターは水曜日（祝日にあたる場合はその翌日）及び12月～3月閉館。
開館時間：10時から17時。エコミュージアムセンターは10時から17時。
入　館　料：大人250円、小人(小中学生)100円。＊10名以上の団体は10％割引。山上ケ岳歴史博物館は大人300円、小人(小中学生)150円(小人とは小中学生を指します)。団体(10名以上)は大人200円、小人50円。エコミュージアムセンターは無料。
アクセス：鉄道バス利用：近鉄吉野線下市口駅下車、奈良交通バス洞川温泉行きで終点洞川温泉下車。車利用：京奈和自動車道五條北IC下り、国道24号を南下し五條市三在交差点を東折し国道370号を東進、大淀町岡崎交差点を南折し国道309号を南下、天川村川合まで約50分。いずれも施設駐車場有。

天川村立資料館に併設しているギャラリーほのぼのでは、天川村に所縁にある方の作品が無料で楽しめます。この他にも写経体験も受け付けております。

◁ 天川村立資料館

53 十津川村歴史民俗資料館

⦿Summary 概要

　十津川村は山深い紀伊半島南部のほぼ中央部に位置を占め、村内中央を熊野川の上流にあたる十津川が流れる、全国でも最も広い村域面積を誇る。2004年に世界文化遺産に登録された「紀伊山地の霊場と参詣道」の修験の道である大峯奥駈道と熊野参詣道の小辺路が、村内の東西を経由している。資料館は村が辿ってきた歴史と、この地の風土で育まれた伝統的な民俗に関わる歴史資料や、伝え継がれた文化財などを展示している。

🔍Deep 詳しい解説

厳しい環境下のくらしと災害　展示室1階では村の来歴と概要を紹介する。わが国有数の多雨地域にある当地は、たびたび洪水などの水害に見舞われた歴史があり、特に明治22年(1889)8月には十津川を記録的な豪雨が襲った。『明治22年吉野郡水災誌』によれば、十津川村では流家267戸、潰家159戸、半潰184戸、死者168人、負傷者20人、山林被害857町歩、山岳崩壊1,800カ所、新湖37カ所にのぼったと記録されている。この壊滅的な災害の被災者が、自立するための復興策が検討された結果、北海道への分村移住という選択へ向かわせた経緯が詳しく解説されている。被害の大きさも理由ではあるが、十津川独特の地域社会をつくる人々の緊密な繋がりが、移転戸数641戸、移住者総数2667人という大移住となったとされる。

▷山村のくらし展示

◁ 後村上天皇の綸旨

入植した北海道樺戸郡の地は新十津川村と命名され、十津川本郷との繋がりを永劫に存続することが誓われている。

民俗展示では十津川の昔の暮らしのコーナーで、村内の生活に密着した生業に関する様々な民具が展示されている。ここでは十津川村出身の人物にも焦点をあて、展示を通して顕彰している。

南朝や修験の歴史に触れる　歴史資料の展示室には、地域に残された重要な文化財が多数くある。十津川は南朝にゆかりのある地であり、吉野山防営のため花園上庄郷人らを動員された後村上天皇の綸旨や、平六左衛門尉為隆に三河国内の知行を与えた大塔若宮興良親王令旨などが展示されている。

平安末期に遡る展示品に、木曽義仲追討に加わり戦いを交えた佐々木高綱が献納したと伝える應保3年（1163）癸巳三月三日の銘をもつ梵鐘がある。もと玉置山にあったとされているが、字くずれのない梵字を刻んだこの梵鐘は、銘文をもつ優品として国の重要文化財に指定されている。玉置神社に伝えられた輿は、聖護院門跡が、奥駈修行の際に送迎に使用されたとされ、天上輿として伝えられたものである。このほか保延年間（1135〜1141）から仁平年間（1151〜1154）に筆写された「大般若経巻」541巻があり、保存状態もよく県有形文化財に指定されている。同じく玉置神社に所蔵されていた杉製一枚戸の襖絵は、近世朝鮮通信使の音楽隊を描いた貴重な資料でもある。

（写真5点〇十津川村教育委員会所蔵）

◁ 重要文化財・佐々木高綱献納の梵鐘

▽「大般若経巻」

◁ 朝鮮通信史音楽隊襖

また十津川は幕末に蜂起した天誅組に加わった郷士を輩出した地でもある。同村野尻出身の中井庄五郎は、御所警護で上京し、志士坂本龍馬や中岡慎太郎とも親交があったとされる人物で、その十津川郷士庄五郎の佩刀などが展示されている。

南和

53 十津川村歴史民俗資料館

●Information 基本情報

名　　称：十津川村歴史民俗資料館
開　館　年：1981年
住　　所：〒637-1333 吉野郡十津川村大字小原225-1
電　　話：0746-62-0137
閉　館　日：火曜日と年末年始
開 館 時 間：9時～17時(入館は16時まで)
入　館　料：大人300円、小人150円。＊20名以上の団体割引有。
ア ク セ ス：鉄道バス利用：近鉄大阪線・橿原線大和八木駅から奈良交通バス新宮行き十津川村役場前下車(所要時間約3時間40分)徒歩で3分。JR和歌山線五條駅から奈良交通バス新宮行き十津川村役場前下車(所要時間約2時間40分)車利用：国道24号五條市本陣交差点から国道168号を南下し十津川村小原まで(所要時間約1時間50分)。役場駐車場の利用可能。(入口まで70段ほどの階段を上る必要がある)

Message メッセージ

> 現代の秘境にようこそ！二度とない出会いの機会にしてみませんか!? 職員に何か質問をしてみましょう。3分の2の確率で地元民と話ができますよ。

掲載館一覧

	名　　　称	入館料 (大人・一般)	概　　要
1	東大寺ミュージアム	600	国宝釈迦誕生仏をはじめ、奈良時代の創建から時代ごとに生み出された様々な寺宝を紹介。
2	春日大社国宝殿	500	国宝352点、重文971点、約3,000点収蔵。武器・楽器・調度品、特に武器類などが多い。
3	奈良国立博物館	520	奈良の仏教美術を代表する仏像を中心に、絵画・工芸、青銅器。年1回正倉院展、お水取り展など。
4	寧楽美術館	900	日本・中国・朝鮮の陶磁器の名品。近世以降の日本の書画や美術品、中国印章のコレクションも。
5	興福寺国宝館	700	国宝木造千手観音立像など仏教美術が充実。国宝阿修羅像は人気が高い。鎮壇具や経巻なども。
6	奈良県立美術館	400	吉川観方、大橋嘉一、由良哲次らから寄贈された古美術・近現代美術や人間国宝富本憲吉作品多数。
7	入江泰吉記念奈良市写真美術館	500	写真専門の美術館。奈良大和路の写真家として知られた入江作品の展示のほか、企画展も。
8	奈良市史料保存館	無料	奈良の古絵図や奉行所模型展示の他、企画展・特別陳列、歴史ミニ講座を開催。
9	奈良市杉岡華邨書道美術館	300	かな書で文化勲章を受章した杉岡華邨の作品を中心に、作品展や講座等、幅広い書道文化を発信
10	元興寺法輪館	500	重文・寄木造聖徳太子立像、国宝・五重小塔(元興寺雛形)など、仏教関連の文化財が充実。
11	奈良市埋蔵文化財調査センター	無料	平城京内の宅地・寺院・市・街路・運河など多彩な発掘調査出土資料の研究・保存、公開。
12	平城宮跡資料館	無料	発掘調査をもとに、平城宮内の役所や宮殿内部を復元。出土した銭・娯楽具・祭祀具なども展示
13	奈良大学博物館	無料	大学教育での活用や研究活動を主眼として収蔵品は広範にわたる。近世木版印刷の資料が充実
14	松伯美術館	820	上村松園・松篁・淳之3代の日本画の展示。日本画作家の育成・伸長を企図した公募展も開催。
15	大和文華館	620	中国・南宋時代の「雪中帰牧図」平安時代の「寝物語絵巻」など国宝4点ほか。陶磁や金工品など
16	中野美術館	600	近代日本の美術作品が中心。絵画は村上華岳・入江波光。彫刻は高村光雲・佐藤忠良など。
17	帝塚山大学附属博物館	無料	系統的に蒐集された東アジアの瓦資料が充実。年2度特別展を開催。市民講座も毎月2回開講
18	生駒ふるさとミュージアム	無料*	旧生駒町役場の建物を利用。生駒の集落・窯業・墓・信仰資料を展示。地域に根ざしたミュージアム
19	柳沢文庫	300	筒井順慶築造の史跡・郡山城に所在。同城の調査果、柳澤家より寄贈された郡山藩藩政史料を展示
20	奈良県立民俗博物館	200	盆地・高原・山間と異なる環境をもつ大和。その特徴ある生活文化、生業を示す民俗文化財を展示
21	シャープミュージアム	1,000	電機メーカー・シャープの企業ミュージアム。歴史と技術館で、100年余の技術革新とくらしの変遷を紹介
22	天理参考館	400	日本や世界の考古・美術・民俗および民族資料正倉院白瑠璃碗類似の切子ガラス碗などが有名
23	天理市立黒塚古墳展示館	無料	銅鏡などが多数出土した、史跡・黒塚古墳の竪穴式石室の模型、銅鏡などの精巧な複製品。
24	法隆寺大宝蔵院	1,500**	国宝の仏像多数、玉虫厨子、伝橘夫人持仏及厨子、百万塔、重文・金堂壁画飛天図2面ほか
25	斑鳩文化財センター	無料*	藤ノ木古墳に近く、精巧な複製品で副葬品の容が理解できるほか、斑鳩町の文化財を紹介
26	安堵町歴史民俗資料館	200	奈良県再設置運動の主導者・今村勤三旧邸宅活用し、今村家の近代化や地域の産業を紹介。
27	山添村歴史民俗資料館	無料	旧春日小学校講堂を利用。大川遺跡の縄文土器など発掘調査資料や地域の歴史民俗文化財を展示

北和

名　称	入館料 (大人・一般)	概　要
28 唐古・鍵考古学ミュージアム	200	弥生時代の代表的な遺跡の発掘調査成果を公開する唐古鍵遺跡群、近隣の唐古鍵遺跡史跡公園の見学とともに。
29 今井まちなみ交流センター 華甍	無料	重要伝統的建造物群保存地区・今井町がたどった歴史や町の構造を解説。町並み見学の拠点に。
30 橿原市立こども科学館	410	身体を使って遊んで科学の基礎を学べる「見て・聞いて・触って遊べる科学館」。
31 奈良県立橿原考古学研究所附属博物館	休館中	目で見る日本の歴史がコンセプトの歴史・考古博物館。再開後は最新の調査成果を展示。
32 歴史に憩う橿原市博物館	300	丘陵上に約600基の古墳が分布する新沢千塚古墳群の遺跡博物館。国際色豊かな副葬品に注目。
33 奈良文化財研究所 藤原宮跡資料室	無料	都城発掘調査部による、藤原京と宮関連遺跡の継続的な発掘調査の研究調査を一般に公開する。
34 橿原市昆虫館	510	「見て・聞いて・触って・感じる昆虫館」をコンセプトにした自然史系博物館。放蝶温室が人気。
35 桜井市立埋蔵文化財センター	300	市内で発掘された埋蔵文化財の調査・公開。邪馬台国の候補地・纒向遺跡出土の多彩な資料に注目。
36 喜多美術館	800	ゴッホ、ピカソ、ボイスとデュシャンなどの近・現代の著名な芸術家の作品を収蔵する私設美術館。
中 37 奈良県立万葉文化館	600	『万葉集』を通して飛鳥時代の文化や歴史を理解する展示施設。飛鳥池工房遺跡の復元遺構も。
和 38 奈良文化財研究所 飛鳥資料館	270	奈良文化財研究所の発掘調査結果や重要な出土品をもとに、飛鳥地域の歴史について紹介する。
39 明日香村埋蔵文化財展示室	無料	川原寺や酒船石遺跡、牽牛子塚古墳など、日本古代史上重要な数々の遺跡の発掘調査成果を公開。
40 高松塚壁画館	300	国営飛鳥歴史公園に所在。実物大の石槨や副葬品のレプリカなど、壁画発見時の感動がよみがえる。
41 キトラ古墳壁画体験館 四神の館	無料	キトラ古墳の全容とその時代を展示解説する。古墳壁画は保管され、期間限定で収蔵状態を公開。
42 香芝市二上山博物館	200	二上山の3つの石、サヌカイト、凝灰岩、金剛砂をキーワードに二上山と香芝の歴史をたどる。
43 葛城市歴史博物館	200	時代を通して多数の遺跡資料を紹介。葛城氏や當麻寺、布施城などの展示解説も充実。
44 水平社博物館	500	水平社運動の発祥地。その創立前史から現在までの歴史を豊富な関連資料を通してたどる。
45 三光丸クスリ資料館	無料	元応年間(1319~21)に創業の和漢薬の老舗。生薬や伝統的な薬の製造工程などを平易に展示。
46 宇陀市歴史文化館「薬の館」	300	重要伝統的建造物群保存地区・宇陀松山の城下町。江戸末期住宅を活用し、地域や薬業の歴史を紹介。
47 大亀和尚民芸館	無料	立花大亀師(1899~2005)が収集した美術品を収蔵・展示。宇陀地域特有の民芸資料や茶道具など。
48 市立五條文化博物館	300	五條市の歴史と文化。古墳時代中期の出土品に鍛冶や窯業など渡来した新技術が反映される。
49 賀名生の里 歴史民俗資料館	300	賀名生は、南北朝時代・南朝の後醍醐天皇にかかわる土地。南朝関連の資料を展示。
南 50 吉野歴史資料館	200	飛鳥・奈良時代の発掘調査の成果を展示。天武・斉明天皇にかかわる吉野宮のジオラマも。
和 51 森と水の源流館	400	紀の川・吉野川の源流に立地。自然環境保護の学習プログラムなど、多くのイベントを企画。
52 天川村立資料館	250	紀伊半島の山村地域の暮らしを解説。近隣の山上ヶ岳歴史博物館では、役小角など山岳信仰の展示。
53 十津川村歴史民俗資料館	300	紀伊半島南部の多雨地域の水害の歴史や、南朝や修験道、天誅組関連の資料を展示。

＊企画展・特別展などは有料。
＊＊共通拝観料。

■著者略歴

松田真一（まつだ　しんいち）

1950年奈良県生まれ
奈良県立橿原考古学研究所調査研究部長、同附属博物館長を経て、現在天理大学附属天理参考館特別顧問、香芝市二上山博物館長。
主な著書に『吉野仙境の歴史』文英堂2004（編共著）、『重要文化財橿原遺跡出土品の研究』奈良県立橿原考古学研究所2011（編共著）、『遺跡を学ぶ92　大川遺跡』新泉社2014（単著）、『奈良県の縄文遺跡』青垣出版2017（単著）などがある。

2019年4月25日　初版発行　　《検印省略》

奈良のミュージアム

著　者　松田真一
発行者　宮田哲男
発行所　株式会社　雄山閣
　　　　〒102-0071　東京都千代田区富士見2-6-9
　　　　TEL　03-3262-3231 / FAX　03-3262-6938
　　　　URL　http://www.yuzankaku.co.jp
　　　　e-mail　info@yuzankaku.co.jp
　　　　振　替：00130-5-1685
印刷・製本　株式会社ティーケー出版印刷

©Shinichi Matsuda 2019　　　　ISBN978-4-639-02627-3　C0026
Printed in Japan　　　　　　　　N.D.C.069　224p　19cm